Sou bem maior do que isso

Sue Bender

Sou bem maior do que isso

Aprendendo a ultrapassar seus limites

SEXTANTE

Publicado originalmente com o título: *Stretching Lessons*

Publicado em acordo com a Harper San Francisco, uma divisão da HarperCollins Publishers, Inc.

tradução
Fernanda Rangel de Paiva Abreu

preparo de originais
Regina da Veiga Pereira

revisão
Antonio dos Prazeres
José Tedin Pinto
Sérgio Bellinello Soares

projeto gráfico e diagramação
Valéria Teixeira

capa
Miriam Lerner

fotolitos
RR Donnelley América Latina

impressão e acabamento
Bartira Gráfica e Editora S/A.

CIP-BRASIL. CATALOGAÇÃO-NA-FONTE
SINDICATO NACIONAL DOS EDITORES DE LIVROS, RJ

B396s
Bender, Sue
Sou bem maior do que isso
/ Sue Bender ; tradução de Fernanda Rangel de Paiva Abreu. – Rio de Janeiro : Sextante, 2004.

Tradução de: Stretching lessons
ISBN 85-7542-140-9

1. Conduta.
I. Título.

04-1982. CDD 170
CDU 17

Editora Sextante (GMT Editores Ltda.)
Rua Voluntários da Pátria, 45 – Gr. 1.404 – Botafogo
22270-000 – Rio de Janeiro – RJ
Tel.: (21) 2286-9944 – Fax: (21) 2286-9244
Central de Atendimento: 0800-22-6306
E-mail: atendimento@esextante.com.br
www.sextante.com.br

Com amor, este livro é dedicado a

Richard, Michael e David

Mitzi McClosky

Laurie Snowden

Val Lagueux

Nancy Minges

Escrever é a minha maneira de descobrir o que minha alma está tentando me dizer.

SUMÁRIO

MAIOR DO QUE ISSO

Nunca planejo escrever um livro.

Sempre acontece alguma coisa que me leva a escrever.

A inspiração para *Sou bem maior do que isso* veio de um menino de quatro anos que nunca encontrei. Uma amiga descreveu uma conversa que tivera com seu sobrinho, Kyle.

– Como você está ficando grande – ela disse ao menino.

– *Ah, mas eu sou maior do que isso!* – ele respondeu.

Uma conversa simples.

Poucas palavras.

Mas as palavras foram direto ao meu coração.

Fiquei arrepiada quando ouvi a história.

Na hora, meu corpo *soube* que alguma coisa importante tinha acabado de acontecer. Mas em geral não escuto meu corpo. Escuto meu coração e minha intuição, sim, mas nunca meu corpo. Minha mente racional criticava: "O que há de especial em 'maior do que isso'?"

Eu não tinha uma resposta.

Mas confiei nos arrepios.

Aquelas sensações de formigamento vindas de dentro do meu corpo eram um sinal forte e visceral. Havia algo que valia a pena descobrir, mesmo que eu não soubesse o que era esse "algo".

O que minha alma estava tentando me dizer?

O que aqueles arrepios estavam tentando me dizer?

Aprender a escutar meu corpo era como chegar a um país

estrangeiro e ter que aprender uma nova língua. Aquela nova língua não dependia das coisas que eu sempre fizera bem:

Lutar
Esforçar-me
Dar duro o tempo todo

Senti naquele momento que havia na mensagem um convite para uma mudança profunda. Eu me sentia como aquele crustáceo, o bernardo-eremita, que tinha ficado maior do que sua concha e precisava deixá-la. De certa forma eu sabia que precisava superar a maneira exaustiva como conduzia minha vida. Mas era como se não quisesse ou fosse incapaz de sair daquele espaço estreito e apertado em que me encontrava.

As palavras de Kyle eram um convite: será que eu *ousaria* ser maior? Alongar-me para ultrapassar meus limites?

Sou bem maior do que isso é sobre essa busca.

Talvez dentro de cada um de nós haja uma necessidade de alongar-se.

Talvez dentro de cada um de nós haja um espírito de coragem desejando ser ouvido.

Minha esperança é que, ao contar a minha história, você encontre coragem para confiar em sua própria voz interior – para ouvir o que *sua* alma está tentando lhe dizer. Se você se abrir para acolher minha história, para ter fé na sua capacidade de superação, poderemos fazer essa viagem juntos.

Juntos podemos ultrapassar os limites, nos alongar – e ousar ser tão grandes quanto realmente somos.

Todas as artes que praticamos são um aprendizado. A grande arte é a nossa vida.

M. C. Richards

COMEÇO

ALONGAMENTO

Como eu passava tempo demais curvada diante do computador, decidi me inscrever em uma aula de alongamento. "Basta alongar" era o nome da aula. Achei que faria bem para minha saúde e estava disposta a tornar-me uma aluna boa e aplicada exercitando-me para valer, como sempre faço. Em vez disso, ouvi Nancy, uma professora incrivelmente flexível, dizer:

"PRATIQUE O PRAZER. NÃO PRATIQUE O ESFORÇO."

A sugestão era surpreendente, revolucionária e encantadora: "A dor não precisa ser sua professora."

– Desaprendam o hábito de tentar – disse ela, depois que co meçamos o alongamento. – Não se trata de tentar, mas de permitir.

Tive vontade de gritar: mas eu só sei *tentar*. Como vou aprender a permitir?

De volta à minha mesa de trabalho, depois da aula, escrevi as palavras de Nancy em grandes letras em negrito. A simples possibilidade de fazer o que ela sugeria me fazia sentir calma por dentro. Eu repetia para mim mesma: "Espero que essa aula nunca termine!"

Eu me sentia como alguém que tivesse passado tempo demais

no deserto, com fome e sede, e de repente se visse diante de um néctar delicioso e desconhecido. A última instrução de Nancy ecoa nos meus ouvidos:

"Ouça os sussurros."

LUTA

Será que eu seria capaz de diminuir o barulho em que vivia envolvida para ouvir os suaves sussurros vindos de dentro de mim? O que aconteceu em seguida foi um grito, não um sussurro.

– Talento é fazer aquilo que vem naturalmente – anunciou uma amiga.

– O que é que vem naturalmente para você? – ela me perguntou.

Respondi imediatamente e com grande convicção:

– **LUTAR!** Sou especialista em LUTAR.

A rapidez e a clareza da resposta me fizeram rir. Mas aquilo não tinha graça. A voz do meu juiz interno entrou na conversa: "Você não aprendeu nada? Não ficou mais sábia?"

Eu me sinto mais sábia.

E *ainda* estou lutando.

Será que meu hábito exaustivo de lutar criou coisas boas para mim? Sem dúvida. Tinha escrito dois livros usando a luta e o esforço como métodos. No entanto, depois de 17 anos dessa pura obsessão de escrever ainda não me considerava uma escritora.

Trabalhar dessa maneira só fizera confirmar uma antiga crença minha: para que me aconteçam boas coisas vou ter que dar duro e trabalhar o tempo *todo.* Naquele momento eu me perguntei se também acreditava que precisava lutar para ter o direito de ser feliz.

Há uma diferença entre trabalho árduo e sofrimento desnecessário.

Se eu estivesse bolando um texto para uma revista que promovesse encontros e decidisse contar a verdade sobre mim mesma, eu diria:

Especialista em *luta*, desejando tranqüilidade. Assinado: ANSIOSA.

Tenho 66 anos e quero aprender a ter tranqüilidade. O simples fato de escrever a palavra *tranqüilidade* ou de pronunciá-la em voz alta tem um efeito mágico em mim. A expressão de meu rosto se suaviza, meus ombros relaxam cinco centímetros e sou capaz de inspirar completa e profundamente.

"Quero aprender a ter tranqüilidade", anunciei para minha sábia amiga Mitzi num tom de voz determinado. "Vou usar esse meu talento natural, que é lutar, para aprender como não lutar." Parei, ri e me dei conta da contradição: *Lutar para ter tranqüilidade.*

Mitzi me falou de uma época, havia muitos anos, em que ela tinha aula de dança na faculdade. A professora pedira às alunas que se imaginassem segurando uma bola pesada e levantando-a acima de suas cabeças. Mitzi tinha se esforçado para levantar do chão aquela bola pesada, sem nunca conseguir suspendê-la a mais de oito centímetros, e só interrompera seus esforços ao ouvir o grupo rindo.

Ela olhou para as outras e viu todas as alunas com suas bolas acima da cabeça, observando-a lutar com sua bola invisível. Mitzi tinha conseguido criar a bola mais pesada.

"Não acho que você tenha sempre que sofrer para fazer um bom trabalho", falou minha amiga. "Afinal, fui eu que fiz minha bola ser pesada demais. A tarefa não era difícil. Eu criei minha própria luta."

Ela me olhou e perguntou: "Você consegue começar a imaginar uma forma de se *libertar* dessa mania de lutar? Acha que consegue mudar de maneira mais suave?" Eu seria capaz disso?

Olhando para a palavra *libertar*, vejo-a transformar-se em *tranqüilidade*.

No Dia dos Namorados recebi um cartão com um coração desenhado à mão e, na bela caligrafia de uma amiga, um lembrete de Rilke:

Seja paciente
com tudo o que não estiver resolvido em seu coração.

MAIS ARREPIOS

Algo acontece. Nada de muito extraordinário. Um encontro casual. Algo imprevisível, uma alteração sutil – e nossa vida muda.

O terapeuta junguiano Robert Johnson chama essas ocorrências aparentemente aleatórias de *linhas finas*. Elas surgem sob muitas formas e nos impulsionam para a frente – permitindo que nossas vidas se expandam.

"A vida do seu destino", disse-me uma amiga certa vez.

Que idéia esplêndida – a vida do nosso destino – e a imagem de linhas finas a nos conduzir.

Na véspera do dia em que eu faria uma conferência em Salt Lake City, fui a um jantar íntimo para celebrar o evento. Pamela, uma mulher de cinqüenta e poucos anos, virou-se para mim quando conversávamos sobre talento e artistas e me disse com voz tranqüila e discreta:

– Eu não sou artista. Não tenho talento.

Suas palavras, ditas de forma natural, deixaram uma marca na minha alma.

Mais uma vez, senti arrepios.

Tive vontade de chorar.

Houve uma longa pausa na conversa. Ninguém sabia o que dizer. Depois de algum tempo, os convidados começaram a falar, cada um relatando uma boa ação feita por Pamela.

– Pamela leva comida e roupas para os moradores de rua na mala do carro – começou um dos convidados.

– Leva até comida para os cachorros de seus amigos de rua – acrescentou outro.

– Pamela acha que os cachorros amam incondicionalmente – disse um terceiro entrando na conversa. – Ela sabe que os cachorros não julgam as pessoas e são o único amor que muitos moradores de rua têm.

Aos poucos, num ritmo tranqüilo, cada pessoa contou uma nova história de Pamela.

De repente, espontaneamente, exclamei:

– Pamela, você *é* uma artista!

Pamela ficou em silêncio. E então, com muita emoção, disse:

– Ninguém nunca me chamou de artista!

Olhei para Pamela; seu rosto estava brilhando. Naquele momento descobri uma verdade profunda que ia *além* da minha percepção habitual:

Cada um de nós tem sua própria maneira de se expressar.

Cada um de nós tem algo especial para dar.

Por isso, é importante valorizar a forma de expressão de cada pessoa – *qualquer* que ela seja.

Como Pamela, muitos de nós não acreditamos que tenhamos alguma coisa especial.

Eu vi em Pamela algo que ela não tinha visto em si mesma – uma visão maior de quem ela era. Cada pessoa naquela mesa sentiu o prazer que essa visão provocou em Pamela – e seu prazer era contagioso. Talvez tenhamos vislumbrado um sentido maior do que é arte: *a arte de nossas vidas.*

Talvez também tenhamos tido uma visão de *nós* mesmos – quem nós somos – e de nosso próprio valor.

Sorri ao descrever minha *teoria da intuição dos arrepios* a Rachel Naomi Remen, uma professora extraordinária, escritora e amiga.

– Você sabe alguma coisa sobre arrepios? – perguntei.

– Sei – ela respondeu. – Os arrepios acontecem quando sua alma se aproxima de você, sopra de leve na sua nuca e a faz despertar.

DÚVIDA E CONFIANÇA

Não confiar no que sabemos é um sentimento terrível.

Passei os últimos quatro anos tentando escrever este livro. Escrevi prefácios em número suficiente para encher um livro inteiro. Sem que eu exercesse qualquer controle, as imagens mais incríveis e inesperadas passavam por meu pensamento: meias vermelhas, bernardos-eremitas em sua concha, asas batendo, uma echarpe branca cheia de furos para permitir a entrada do espírito e asas crescendo em nossas almas.

Eu esperava que alguma dessas imagens se destacasse e gritasse: "Me escolha!" Então, a partir dela, eu poderia escrever o livro de uma forma racional e linear, um capítulo encadeando no outro.

Tentava criar um caminho reto e lógico que me ajudasse a seguir em frente. Mas sentia que meu caminho era sinuoso e que eu não queria ser cerceada.

Um dia esta frase estalou na minha mente:

O TRABALHO COM O ESPÍRITO É CONFUSO!

Descobri que já sabia disso.

Mas não tinha confiado no que sabia.

Eu tinha me reprimido, duvidando da minha própria experiência. Limitara minha visão, pensando que havia um *jeito certo* de escrever um livro, deixando-me guiar apenas por uma imagem. Quando parei de lutar comigo mesma, vi que todas as imagens estendiam a mão, tocavam meu coração e me pediam para ouvi-las. Enquanto escrevo, elas me fazem seguir em frente – ajudando-me a colocar na página escrita a mensagem que senti em meu coração.

Uma ordem mais profunda do que o tempo linear assumiu o controle.

A CORAGEM QUE VEM DE DENTRO

Uma vida protegida também pode ser uma vida ousada. Pois toda ousadia verdadeira começa dentro de nós.

EUDORA WELTY

Precisei de algum tempo para perceber que a ousadia exige muita coragem.

Como Kyle, eu queria ser *maior do que*, mas as primeiras coisas que descobri foram alguns dos limites que me impusera. Quando eu era jovem, reagia aos desafios da melhor maneira que podia, mas houve ocasiões em que me encolhi e deixei de ser eu mesma plenamente.

O PRÊMIO

Meu irmão e eu íamos para a colônia de férias porque nossa mãe era a supervisora principal de natação. Eu adorava a colônia, mas a presença da minha mãe me pressionava. Quando eu tinha 11 anos, minha supervisora foi procurá-la aos prantos. "Sophia", ela choramingou, "não consigo controlar a sua filha. Ela está me deixando louca e faz todas as meninas do dormitório irem atrás dela."

No ano seguinte, decidi me comportar da melhor maneira possível.

Aquela foi uma escolha consciente. Se eu me comportasse bem, talvez pudesse ganhar o prêmio de Melhor Personalidade da minha faixa etária no grande banquete de encerramento no final do verão. Percebi que gostava desse novo comportamento tanto quanto tinha gostado de ser uma transgressora de regras.

Não falei com ninguém sobre a minha esperança.

Ter um segredo especial me deixava contente. Eu me sentia viva ao admitir para mim mesma que queria alguma coisa – e queria muito. Cheguei a me imaginar subindo no palco para receber o prêmio, com todo mundo aplaudindo. Mas houve uma ameaça de poliomielite naquele verão, e a colônia teve que terminar mais cedo.

O banquete de premiação aconteceria em dezembro, em um hotel da cidade. Passei os quatro meses seguintes sem pensar em mais nada a não ser no prêmio, esperando, odiando esperar, ficando cada vez mais nervosa e indócil.

Na noite do banquete, todos os participantes da colônia de férias se reuniram no grande salão de baile, e meu coração batia tão alto que fiquei com medo de desmaiar. Quando finalmente chegou a hora de anunciar o prêmio de Melhor Personalidade na minha faixa etária, o diretor disse simplesmente: "Não haverá prêmio nesta categoria este ano."

Que som faz o sonho de uma menina de 12 anos se espatifando?

Eu não tinha contado a ninguém antes e estava com muita vergonha para contar agora. Eu queria ser reconfortada, mas estava presa por meu segredo. Inconscientemente, fiz uma promessa para mim mesma: *eu nunca, nunca* mais iria querer tanto assim alguma coisa.

Uma armadilha se fechou sobre mim.

Sem me dar conta do que estava fazendo, comecei naquele momento a fechar a minha parte que sonhava – e a anestesiar meu corpo e meu espírito para que não sentissem meus desejos. Comecei a deixar de ser eu mesma plenamente e segurei esse bloqueio dentro do meu corpo.

O que você quer?
Quanto custa?
Vale o preço?

Yvonne Rand, uma maravilhosa professora budista e amiga, me fez essas perguntas. A menina de 12 anos tinha decidido não pagar o preço da frustração por desejar tanto alguma coisa. Ao evitar o risco de querer algo que talvez não pudesse conseguir, fiquei *menor do quê.*

Levei anos para aprender que *não se arriscar* era um preço alto demais.

VERGONHA

Completei o primário em uma pequena escola pública na cidade de Nova York onde, aluna aplicada, fazia os deveres de casa com capricho, tirava boas notas e estava na turma dos "inteligentes". Por volta do final da quinta série fizemos uma prova de nivelamento antes de entrar para o grande ginásio ali perto.

Alguns dias mais tarde, vi em cima da mesa da professora uma lista de nomes – os alunos que iriam para a turma de "*avançados*" na sexta série.

Meu nome não constava na lista.

Talvez eu não tivesse visto direito naquela espiada rápida e nervosa, mas fiquei arrasada. Eu tinha pensado que ficaríamos todos juntos e queria desesperadamente permanecer com o meu grupo.

Eu sempre fora saudável, mas pouco depois daquilo comecei a me sentir mal. Minha mãe, preocupada, me levou ao médico da família e depois a uma série de especialistas. Cada um deles tentou descobrir o que havia de errado comigo.

Mas ninguém perguntou se eu tinha algum problema.

Ninguém quis saber se naquele momento específico estava acontecendo alguma coisa em minha vida. Se tivessem perguntado, será que eu teria sido capaz de saber dizer? Será que eu teria associado minha grande decepção ao que estava acontecendo no meu corpo?

Finalmente, os especialistas chegaram a uma conclusão. Eu tinha desenvolvido uma freqüência cardíaca acelerada. Não seria prudente, disseram eles, eu ir para aquele grande ginásio com tantas escadas. Minha mãe então procurou um colégio menor onde não houvesse escadas, e o único que correspondia a esse critério não tinha turma de avançados.

Naquele verão, não me deixaram ir para a colônia de férias. Tive que ficar em casa descansando. No outono, fui para a escola menor, menos exigente.

Aos 13 anos eu não sabia nada dos efeitos do estresse sobre a saúde.

Nunca entendi se a freqüência cardíaca acelerada tinha sido mesmo criada pelos recursos do meu corpo. Mas bem lá no fundo eu suspeitava que tinha inventado um jeito de evitar a vergonha de não estar naquela turma de avançados.

Escondi minha vergonha. Mas meu corpo sabia.

CROMO

Quando éramos recém-casados e morávamos na Suíça, meu marido Richard e eu costumávamos dar longas caminhadas.

– Está cansada? Quer parar um pouco? – ele perguntava, atencioso.

– *Não* – eu respondia decidida.

Cinco minutos depois não conseguia me mexer.

Embalada no ritmo exaustivo eu só tinha um botão de *liga* e *desliga.*

Não reconhecia os sinais do meu corpo que me diziam que eu estava à beira da exaustão. Como conseguiria agora ouvir os seus sussurros, se ignorava seus sons mais altos?

Meu primeiro pensamento foi: encontrar uma imagem que descreva como eu me vejo em meu *corpo.* Caminhei decidida para o escritório, peguei um punhado de lápis de cera e uma grande folha de papel-jornal, sentei-me à mesa, fechei os olhos, respirei fundo algumas vezes e esperei.

Nenhuma imagem apareceu.

Esperei um pouco mais, começando a me sentir uma boba, ali sentada. Após algum tempo, para me distrair, tentei uma técnica que aprendera em uma aula de visualização dirigida. Fechei os olhos novamente e me concentrei em minha respiração por alguns minutos. Depois me imaginei em uma cena tranqüila, um campo cheio de margaridas brancas.

Para minha surpresa, o que vi e depois desenhei de maneira infantil foi uma máquina de cromo de funcionamento perfeito. Lustrosa, estilizada e dourada como uma estatueta do Oscar – ou um daqueles robôs prateados de um filme de Woody Allen.

Eu não me parecia nada com aquilo, nem de modo simbólico. A única coisa que o meu desenho traduzia era a forma como eu encarava meu corpo. Eu o tratava como uma máquina qualquer, não como um daqueles objetos amados e preciosos, um carro, por exemplo, cujo dono cuidadoso o leva regularmente para polimento, troca de óleo, ajustes, revisões e outras manutenções preventivas. Eu só ficava empurrando meu corpo – perguntando-me como conseguiria fazer todas as coisas que desejava. Nem sequer sentia prazer pelo fato de meu corpo funcionar bem.

Enquanto a máquina não quebrava, eu a ignorava.

Quando morava na Suíça, fui a um brechó e voltei para casa trazendo a parte de cima de uma autêntica armadura medieval. Não me lembro do que me levou a comprá-la, mas desde então a armadura tem estado no chão da nossa sala de estar em todas as casas em que moramos. Agora, quando passo por esse objeto cromado, eu me pergunto:

Como posso – como podemos – começar a tirar nossa armadura?

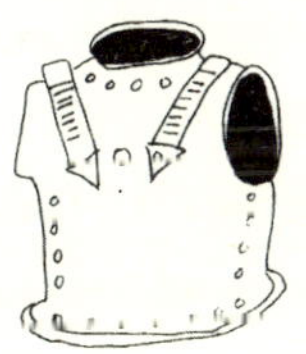

VISÃO

Contei a uma amiga como era difícil começar a tirar minha armadura. Sentia-me exposta e frágil ao perceber o quanto de mim mesma eu mantivera sufocado durante tantos anos. As palavras dela ficaram no meu coração. Quase diariamente lembro-me do que ela disse:

"Sue, você tem tantos elementos de apoio, mas talvez ainda não saiba disso!"

Comecei a *exercitar:* permitir-me ser apoiada.

VÍDEO

Algumas vezes a imagem que passamos para o mundo é diferente do que sentimos interiormente.

Há alguns anos fiquei muito deprimida.

Não sabia ao certo por que estava tão triste, mas nada do que eu fizesse me livrava da depressão. Finalmente, um amigo psiquiatra sugeriu que eu fosse ao seu consultório. Montou sua câmera de vídeo e disse: "Fale com a câmera como se estivesse falando com um terapeuta ou com um amigo compreensivo e sábio." Ele me garantiu que tudo o que eu dissesse ficaria em segredo.

Quando ele me mostrou a fita, vi na tela uma mulher de meia-idade de aparência agradável descrevendo de maneira bastante simples como estava se sentindo *péssima* por dentro. As palavras pareciam verdadeiras. Sem nenhuma censura. Mas apenas em dois dos 20 minutos da gravação minha expressão e meu olhar realmente transmitiram minha infelicidade.

Eu ouvi e assisti, atônita.

A grande discrepância entre minha aparência e a dor que eu sentia me deixou chocada. Finalmente entendi como Richard, que é um homem compreensivo, continuava a me ver como uma pessoa que funcionava normalmente.

Durante aqueles seis meses em que me senti infeliz, qualquer energia ou recurso interno que eu conseguisse reunir eram necessários para fazer meu trabalho, preparar as refeições para minha família e me controlar. Eu não tinha forças para ir a reuniões sociais ou convidar pessoas para jantar na minha casa.

Depois de seis meses, aquele sentimento sombrio foi embora tão misteriosamente quanto aparecera.

No entanto, apesar de estar me sentindo melhor, não queria participar de eventos sociais. Sentia realmente uma profunda necessidade de ficar tranqüila o bastante para escutar o que meu corpo e meu espírito estavam tentando me dizer.

Mais tarde, refletindo, eu me perguntei se inconscientemente tinha usado a depressão para causar a mudança que desejava na minha vida. Na época não tinha coragem suficiente ou não confiava bastante em mim mesma ou em Richard para dizer: "Não quero mais ir a reuniões. Não quero convidar pessoas para jantar. Para o meu bem-estar, preciso me recolher." Foi necessário ter depressão para conseguir isso.

Será que a depressão é às vezes um passo necessário em direção à mudança?

Será que o meu *menor do que* poderia ser um convite para ir mais longe?

Não fui mais a reuniões nem dei festas; pelo contrário, tornei-me relativamente uma reclusa.

Em determinado ponto comecei a pensar em mim mesma como um bernardo-eremita. O bernardo-eremita é um animal que deixa sua concha para sair pelo mundo e volta quando está pronto. Eu saía pelo mundo, dava conferências e então, depois de algum tempo, às vezes bem pouco tempo, começava a sentir o impulso, a necessidade imperiosa de voltar para casa.

Chamo isso de reclusão, mas na verdade não é. Com o telefone e o fax fazendo barulho e a máquina de lavar roupas a todo vapor, estou muito conectada ao mundo externo. Mas a necessidade mais profunda de parar, ouvir a sabedoria do meu corpo e voltar para minha concha ainda existe. Esse movimento é o oposto de vestir uma armadura; é mover-se mais para dentro de si.

Acomodar-se em si mesmo.

KATAGIRI ROSHI

BATENDO MINHAS ASAS

Eu adorava meu pai.

"Fique comigo", ele pedia baixinho quando eu era criança. "Eu amo você", ele continuava em sua mensagem silenciosa, "e preciso que esteja por perto o tempo *todo* para fazer com que eu me sinta bem comigo mesmo."

Dita de forma suave, essa ordem poderia soar razoável, mas a necessidade dele parecia excessiva e impossível de ser negociada. "Ele está pedindo demais de mim", eu gritava em silêncio.

Algumas vezes eu falava e contava a ele meus problemas e minhas preocupações. Meu pai parecia ouvir, depois dizia: "Contanto que você esteja feliz", como se não tivesse escutado uma palavra.

Percebi que nunca me sentira *vista* pelo meu pai.

Anos depois, quando eu já era adulta, casada, com filhos, costumava visitar meus pais na Flórida. Meu pai sempre queria que eu ficasse ao seu lado – na piscina, enquanto ele jogava cartas com os amigos, quando ia ao mercado para minha mãe. Certo dia, decidi dizer em voz alta o que estava sentindo e do que precisava.

– Eu queria ir ver o mar – eu disse, ansiando ficar sozinha.

– Vou com você – foi sua resposta imediata.

– Não – falei, com o máximo de gentileza e de firmeza de que era capaz. – Eu gostaria *muito* de passar uma hora sozinha.

– Qual é o problema? – ele perguntou com uma expressão tristíssima no rosto. – Você não me ama mais?

Eu o amava e realmente me sentia amada. Mas sua reação me surpreendeu. Naquele momento vi que, desde pequena, eu inconscientemente criara uma estratégia para sobreviver, para evitar ser soterrada pelas exigências dele. A estratégia consistia em me movimentar ao máximo, envolver-me em muitos, muitos projetos. Dessa forma seria difícil para meu pai, e mais tarde para outras pessoas, me acompanhar. Era o meu jeito de criar uma fronteira segura. Agora, olhando para trás, chamo o que aprendera a fazer de:

Bater minhas asas

Naquele dia em que ele perguntou: "Você não me ama mais?", eu ainda estava lutando para não me sentir oprimida pela necessidade dele.

Eu sempre me considerei uma criança alegre, bem-humorada, independente e um pouco rebelde – certamente não me considerava reprimida. Mas eu nunca tinha dito *"Não quero isso"* em voz alta. Se dissesse não, tinha medo de não ser mais amada; se ficasse quieta, poderia ser devorada. Bater as asas, manter-me sempre ocupada, era uma estratégia para não lidar com os sentimentos.

Minha única escolha foi me tornar especialista em movimento.

RECUSANDO-SE A OUVIR

Algumas vezes as coisas têm que piorar antes de começarem a melhorar.

Tantas pessoas disseram que fazer ioga seria bom para mim que finalmente me inscrevi em uma turma de iniciantes. Ao fazer o que parecia um suave alongamento a dois, senti alguma coisa puxando logo acima do tornozelo. Continuei o alongamento.

"**Sem dor não há conquista**", declarou um ser negativo que habita em mim.

Nas poucas vezes em que fiz massagem, quando o massagista perguntava a minha preferência – suave? firme? bem profunda? – , eu sempre pedia a massagem mais profunda, a que mais me machucasse, achando que era a que me faria bem. "Na minha idade, se eu prestasse atenção em todas as pontadas e dores, estaria realmente encrencada", eu acrescentava.

A verdade é que eu machuquei meu tendão-de-aquiles na aula de ioga, mas não descobri isso imediatamente. Eu conhecia o mito de Aquiles. Sua mãe, desejando tornar o filho imortal, segurou-o pelo calcanhar e mergulhou-o no rio Estige, o rio da imortalidade. A única parte do corpo de Aquiles que ficou fora da água foi seu calcanhar, que se tornou seu ponto fraco. Anos depois, Aquiles foi morto atingido por uma flecha bem no calcanhar.

Na época, recusei-me a reconhecer meu ponto vulnerável. Minha lesão não ia me deter! Aquela recusa em escutar a sabedoria do meu corpo tornou-se meu *calcanhar-de-aquiles.*

Esse tipo de comportamento não era um exemplo de ser *maior do que;* pelo contrário, era ser *mais teimosa do que,* já que continuei com minhas aulas de aeróbica todas as manhãs. Nem pensei em cancelar uma turnê de três semanas para divulgar meu livro. Orgulhosa por ter conseguido levar pouca bagagem, insisti teimosamente em carregar a mala para dentro e para fora do avião. Minha perna doía, mas, quando a turnê terminou, voltei às aulas de aeróbica. Foi só quando a dor ficou insuportável que finalmente reparei nela – e parei.

Não tinha escolha.

Anos mais tarde, sem saber bem como, eu caí. Desabei na calçada de cimento de ponta-cabeça. Fiquei sentada ali por um tempo que na época pareceu sem-fim, depois me levantei do chão com grande dificuldade. Estava com um enorme galo na cabeça e não conseguia dobrar o braço esquerdo.

Aquilo não era um sussurro. Era um grito.

Eu escutei? Finalmente entendi meu calcanhar-de-aquiles?

Ainda não.

Na manhã seguinte, pedi a Richard que me levasse ao Café Milano e lentamente, sentindo muita dor, subi as escadas, pensando numa conversa que tivera com uma amiga anos antes, durante um pico de febre. "O que vai fazer você parar?", ela perguntou. "Uma febre de 38°? 39°? 40°?"

"Insanidade é repetir a mesma coisa vezes sem conta, e esperar resultados diferentes."

RESISTÊNCIA

Embora eu tenha feito o máximo para evitar sentir a dor da queda, ela parecia cada vez mais determinada a ficar. A recomendação de uma amiga – "Ele é talentoso, e o trabalho é suave" – me levou à aula de Ofer. "O trabalho se chama Feldenkrais", minha amiga acrescentou. Depois da primeira aula, perguntei a Ofer, um homem magro com sotaque israelense, o que significava Feldenkrais.

– Resumindo, é aprender a se conhecer melhor através do corpo.

– Eu *sei* que o descanso me faz bem – eu disse a Ofer depois da aula. – Mas se alguém tenta ajudar, sugerindo que eu descanse durante algum tempo, transformo imediatamente o descanso em mais uma tarefa na minha lista de *obrigações*. Mesmo quando eu chamo o descanso de *preguiça sagrada*, não consigo descansar.

– O nome disso é tentativa e erro – disse-me Ofer –, não tentativa e sucesso.

Ri, lembrando-me da resposta de Alexander Graham Bell a seu assistente, que manifestou profundo desânimo por causa de seus muitos fracassos ao tentarem inventar o telefone.

"Aprendemos mil maneiras que não funcionaram", afirmou Bell, otimista.

Outra versão cita Thomas Edison que, ao ser perguntado como se sentia depois de fracassar tantas vezes, respondeu:

"Não houve nenhum fracasso. Foi um processo de duas mil etapas."

SUAVEMENTE

– E se eu tiver um antigo hábito que esteja atrapalhando?

Fiz essa pergunta a Ofer. Ele respondeu com convicção:

– Você não precisa passar seu tempo tentando mudar hábitos antigos. *Crie hábitos melhores.*

Enquanto eu pensava em como criar novos hábitos, a palavra *suavemente* surgiu de algum lugar dentro de mim. Comentei com Ofer sobre *suavemente,* e ele me disse:

– Buscar uma maneira de ser mais suave realmente traz grandes recompensas. Aqueles que se movem mais suavemente percebem uma diferença maior. O objetivo não é o movimento maior, mas o mais suave.

Trate-se com suavidade.

Quando ele disse essas palavras, escutei o som de um daqueles grandes sinos de bronze que ouvi certa vez em um antigo templo zen no Japão. O som do sino continuou a vibrar em meu ouvido, e senti arrepios – um lembrete do que é possível quando não nos esforçamos tanto.

INVISÍVEL

Não ser vista pode ser um sentimento terrível.

Quando nos mudamos de Nova York para a Califórnia, há 30 anos, eu tinha uma vizinha que também era da Costa Leste. Nossos maridos lecionavam na Universidade da Califórnia e nossos filhos brincavam juntos. Quando nos víamos na rua, parávamos por um instante para dizer "oi".

Quatro anos depois de nos conhecermos, num desses encontros casuais, estendemos um pouco mais nosso "oi" habitual. Durante a conversa, respondendo a algum comentário dela, eu disse que fizera mestrado em Harvard.

"Por que você não me contou?", ela perguntou com os olhos arregalados e uma expressão de assombro no rosto. "Eu não sabia que você era inteligente!"

Algumas pessoas nunca vão nos ver – isso não significa que não estejamos ao seu lado.

SABEDORIA ANTIGA

Como eu gosto de ler revistas quando viajo de avião, fico sempre ansiosa para entrar na frente e pegar as melhores. Eu estava indo a Sun Valley para dar uma conferência na biblioteca local quando li um artigo descrevendo a caminhada de uma mulher com os aborígines. No quarto dia, os aborígines pararam.

– Por que estão parando? – ela perguntou, surpresa e intrigada. – Não há nada aqui.

No início, os aborígines pareceram não entender a pergunta. Finalmente, depois de longo silêncio, um dos mais velhos falou:

– Estamos esperando nossas almas nos alcançarem!

Sentada no avião, senti arrepios – um instante de reconhecimento.

Na biblioteca de Sun Valley, li "Pequenos sabás", de *O sagrado cotidiano.* O texto fala sobre a importância de parar um pouco, mesmo por alguns minutos, para fazer uma pausa no meio de um dia muito atarefado. A imagem dos aborígines parados me veio à mente.

Agora, quando consigo ter sabedoria suficiente para parar e saborear um pequeno sabá, fico em silêncio, respiro bem fundo algumas vezes e repito para mim:

Estou esperando minha alma me alcançar.

CRESÇA

Cada folha de grama tem seu Anjo que se inclina sobre ela e sussurra: "Cresça, cresça."

TALMUDE

Quando conheci Pamela e a ouvi dizer "Eu não sou uma artista", os arrepios que senti eram o sinal de uma profunda percepção que ia além do meu pensamento racional. O que vi foi um *espírito indo mais longe,* pois aquilo não dizia respeito só a Pamela – era o valor intrínseco dentro de cada um de nós.

Quando converso com meus amigos sobre momentos em que nos sentimos invisíveis, oprimidos ou cheios de dúvidas, penso nas belas palavras de Nelson Mandela:

O mundo não vai ruir se nos permitirmos expressar nossa grandeza. O mais provável é que o mundo pare de ruir quando fizermos isso.

Como é importante valorizar nossa própria maneira de expressão – qualquer que ela seja.

É valorizando nossa maneira de ser que sussurramos: *"Cresça, cresça."*

ABRINDO

BERNARDO-EREMITA

Fiquei encantada quando certo dia, na aula de alongamento, Nancy nos pediu para ficar de quatro e imaginar que éramos bernardos-eremitas. Para mim não era difícil, pois eu já me imaginara como um bernardo-eremita, embora nunca tivesse experimentado imitá-lo. Devíamos nos dobrar para trás lentamente, muito lentamente, movendo uma vértebra de cada vez.

Nancy nos diz para nos movermos de maneira suave, leve, mas sinto o peso da minha concha, uma concha muito pesada. Essa concha pesada e protetora está me puxando para baixo, e eu não consigo usufruir o movimento com tranqüilidade.

De repente, sinto que minha concha ficou pequena demais.

Nesse momento, Nancy diz: "Vocês conseguem imaginar suas conchas ficando maiores? Conseguem criar mais espaço dentro delas?"

Imaginar-me como um bernardo-eremita não é difícil. Por que é bem mais difícil tornar meu espaço interno tão grande quanto desejo que seja?

Por que me aperto dentro da minha concha quando poderia escolher ter mais espaço?

Recentemente aprendi que um bernardo-eremita não tem sua própria concha. O trabalho desse caranguejo consiste em encontrar uma concha abandonada e fazer dela a sua casa. Quando o caranguejo começa a ficar grande demais para aquela concha, ele procura e encontra outra que se adapte ao seu novo tamanho. O caranguejo é exigente, vai de concha em concha, experimentando-as como se fossem pares de sapatos, até encontrar o tamanho certo.

O que fazemos quando começamos a ficar maiores do que nossas conchas?

Que escolhas fazemos e como as fazemos à medida que nos tornamos *maiores do que* éramos?

PRIORIDADES

"Eu escolho todas elas."

Adoro essa declaração ousada de Santa Teresinha, aos quatro anos de idade, quando lhe mostraram várias fitas, pedindo que escolhesse uma. Adoro a frase porque ela reflete com muita clareza o centro do meu dilema.

Eu me sentia tudo, menos uma santa, enquanto enchia a mala do carro com minha bagagem para um retiro de 10 dias: dois engradados transbordando de papéis; 15 pastas – vermelhas, brancas, pretas e cinza – abarrotadas de pedaços de papel; livros demais para serem lidos durante 10 dias e muitas outras pastas entupidas e etiquetadas: ARRUMAR. Por que tenho a necessidade de juntar toda essa quantidade de papel?

É mais fácil saber o que eu não quero.
É muito mais difícil saber o que eu realmente quero.

Como vou escolher? Como é que as pessoas escolhem? Como resolver quais são as nossas prioridades quando queremos escolher tudo?

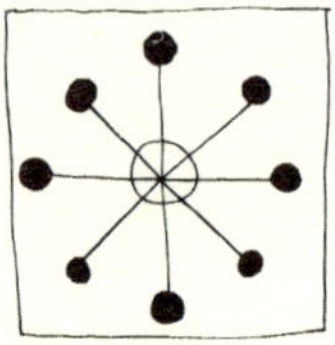

CLAREZA

– **Escolho todas elas** – eu disse a uma amiga.

– É bom ter várias opções, desde que você saiba o que quer – ela respondeu.

Em seguida, descreveu o plano que tinha feito com seu vizinho de oito anos de idade para irem ao zoológico.

– Vamos atravessar a ponte? Ou vamos pegar um ônibus? – ela perguntara.

– Podemos ir do jeito que você quiser, mas temos que chegar lá!

AULA DE ANO-NOVO

Sou uma daquelas pessoas que nunca conseguem ficar acordadas até a meia-noite na véspera do Ano-Novo. No entanto, adoro fazer uma longa lista de resoluções. Para celebrar o Ano-Novo, Nancy deu uma aula especial.

– A aula de hoje vai ser um processo de desapego – ela começou. – Existe alguma coisa da qual gostariam de se livrar?

Sem um instante de hesitação, eu respondi. Queria me livrar do sentimento de ter que lutar o tempo todo. "NÃO! NÃO!", gritava uma voz dentro de mim. "**NÃO VOU FAZER ISSO!**"

Espantada com a veemência da minha resposta, Nancy afirmou:

– *Desapego pode ser aceitação.* Devemos entrar em contato exatamente com a coisa de que queremos nos desapegar, dar-lhe mais espaço para estar em nossa vida.

E acrescentou:

– Passamos tempo demais tentando nos consertar, em vez de tomarmos posse do que somos. Quanto mais sentirem isso em seus corpos, mais facilmente poderão se libertar.

Por que, eu me perguntei, iria aceitar justamente aquilo de que queria me desapegar? Quando ia levantar a mão para fazer essa pergunta, Nancy disse:

"Só melhoramos naquilo que praticamos.
Nada muda se você não fizer algo diferente."

"A mudança não vem por causa de um esforço maior – vem de uma suavidade interior maior." Não entendi realmente o que aquilo significava, mas *gostei* do som da palavra *suavidade* e do sentimento no meu corpo quando imaginei uma maior suavidade interior. Naquele momento tive um vislumbre do que seria a tranqüilidade.

A aula prosseguiu.

No final, Nancy passou pela turma uma cesta cheia de pacotes de sementes e nos pediu que escolhêssemos um. Quando chegou a minha vez, não peguei todos. Em vez disso, escolhi um pacote de sementes de capuchinha.

Adoro as capuchinhas por sua cor laranja intensa e sua capacidade de crescer quase em qualquer lugar. Sentindo um carinho especial por aquele presente inesperado de *sementes do espírito,* segurei o pequeno pacote na mão, olhei para ele e vi escrito na embalagem:

CAPUCHINHA. **Florescem sob estresse.**

LUTA VIVA

Pouco depois de plantar as sementes de capuchinha, li por acaso o obituário do artista Willem de Kooning: "Ele nunca soube exatamente para onde estava indo. Odiava resoluções. Sentia-se seguro na insegurança..."

"Tudo em sua arte treme de incerteza..."

"Ele pintava seus quadros sem medo, mas com muito tremor."

Agora planejo convidar para integrar minha vida a **luta viva** de de Kooning.

NÃO VOU!

Nos últimos meses, quanto mais eu declarava minha intenção de ter maior tranqüilidade, mais forte ficava a minha voz interior que dizia: **"NÃO VOU!"** O primeiro passo que eu precisava dar para ter mais tranqüilidade era eliminar da minha lista de obrigações as coisas que eu vinha ignorando. No entanto, quanto mais eu me forçava a eliminá-las, mais forte se tornava a recusa – uma poderosa sabotadora.

Cada vez que eu dizia *"Eu deveria"*, a rebeldia se manifestava.

Minha recusa, a tirania que eu exercia sobre mim mesma, estendia-se a telefonemas, cartas, e-mails e faxes ligados ao meu trabalho e mesmo a pessoas importantes para mim. Embora me orgulhe de ser responsável, eu me via correndo a toda velocidade em direção a uma rebelião declarada. "NÃO VOU" agora estava ligado no automático.

Eu mantivera a intenção de ouvir os sussurros do meu corpo. Nancy, Ofer e outros fizeram sugestões e até me deram tarefas para realizar, tarefas brandas, modestas e factíveis. Eu as fiz? É claro que não. Recusei – embora soubesse e acreditasse que cumpri-las seria bom para mim.

Lembrei-me que, aos três anos de idade, eu sabia o que fazer quando exigiam demais de mim emocionalmente. Eu simplesmente não fazia. Nunca dizia **"NÃO VOU!"** para o meu pai. Não dizia naquela época. E não estava dizendo agora.

"Você é uma rebelde sem causa", disse rindo uma amiga.

Agora, ao entender a dinâmica do meu relacionamento com meu pai, compreendia por que estava em constante movimento – e por que minha voz que dizia "NÃO VOU!" sugava tanta energia boa.

Um peso muito grande foi retirado.

Eu tinha outra escolha.

Por que não fazer amigos usando o "NÃO VOU!"? No alto de uma grande folha de papel em branco, escrevi:

LISTA DE "NÃO VOU"

Todas as coisas às quais eu vinha resistindo com tanto sucesso entraram na lista. Com um olhar mais suave, mais gentil, li o que colocara na lista. Agora podia entender por que eu resistia. Minha voz que dizia "NÃO VOU!", aquela voz que eu considerava rebelde, não estava apenas se exprimindo – estava tentando cuidar de mim quando coisas demais caíam em meus ombros ao mesmo tempo. Posso imaginá-la dizendo:

"VÁ DEVAGAR. Tome cuidado. Preste atenção no agora."

Eu podia dizer sim para "NÃO VOU!".

Ao me aceitar tal como era, comecei aos poucos a sair da concha. Um espaço se abriu dentro de mim e me senti *maior do que* era antes. Sem muito esforço, e antes mesmo de perceber o que estava fazendo, comecei a riscar coisas da lista com facilidade. *Queria* tornou-se QUERO.

Um hábito que foi aprendido também pode ser desaprendido.

VELHA CRENÇA

Eu a chamo de *A vingança das pequenas coisas.* Embora a expressão possa parecer engraçada, sentir-se soterrada por inúmeras pequenas, minúsculas, demandas não é nem um pouco divertido. Quando todos os meus antigos remédios fracassaram, decidi ir à hipnotizadora que já tinha me ajudado uma vez. Ela sugeriu que eu examinasse minhas vidas passadas, mas eu não estava nem um pouco interessada. Eu queria saber o que fazer *naquele exato momento.*

Aquela minha parte tensa que quer sempre controlar tudo deve ter-se entregado, porque de repente entrei num leve transe. Imaginei que estava em uma vida passada e que era líder de um grupo de cerca de 150 mulheres. A cena acontecia na época em que as pessoas eram queimadas na fogueira por desobediência – por se recusarem a condenar suas crenças. Estávamos ameaçadas, sitiadas. Para salvar minha comunidade de um desastre, ofereci-me como voluntária para ser queimada na fogueira.

No estado de transe, e mesmo depois de despertar, aquela escolha parecia natural. Aquela era a *minha* responsabilidade, minha maneira de prestar serviço. Por que eu não sentia medo? Talvez porque acreditava profundamente que só com luta e sacrifício poderia ser útil aos outros.

Eu agora estava cara a cara com uma *suposição oculta* que vinha carregando comigo, soterrada por todas as coisas em que eu conscientemente acreditava. Eu acreditava profundamente que para fazer o bem – e ganhar o direito de ser feliz – é preciso lutar e sofrer. Aquela crença vinha guiando grande parte do meu comportamento.

Eu sabia que não era verdade.

Sabia também que as crenças inconscientes têm muito mais poder de afetar nosso comportamento do que as crenças conscientes. Eu *queria* fazer o bem, queria contribuir. Queria muito mesmo. Mas não queria me exaurir e ficar extenuada por causa do meu desejo de ajudar os outros. Eu ansiava por encontrar outra maneira – e sentia essa ânsia em meu corpo.

Eu não sabia o que fazer.

Em vez de decidir alguma coisa, resolvi esperar e refletir. Minha intenção era escutar minha voz interior. Não importa o que estivesse acontecendo lá fora; cada escolha, cada decisão, pequena ou grande, deveria primeiro fazer sentido dentro de mim.

Comecei a planejar minha vida de dentro para fora.

Naquele momento eu só sabia que precisava confiar ao máximo na minha voz interior, para então agir a partir de sua orientação. Anos depois, ouvi M. C. Richards descrever isso como:

Integrar sua busca interior à sua prática exterior.

A BATERIA

Acredito que podemos aprender com todas as experiências.

Essa profunda crença me dá um grande prazer. Certo dia, sentindo-me exausta, com um começo de gripe me avisando que eu estava me forçando além do que podia, decidi me poupar e comprar uma pizza para o jantar. Quando saí do restaurante, meu carro não pegava.

Morto.

Continuei tentando. Depois de meia hora, o motor deu a partida e consegui subir a ladeira com o carro até a minha casa, mas no dia seguinte o carro estava novamente morto.

– Um reflexo das minhas entranhas – eu disse a Richard.

– Chame o reboque e mande para a oficina – ele sugeriu. – Acho que pode ser sério.

Quando o mecânico chegou – ele se chamava Lem – , abriu o capô, examinou por alguns minutos e disse:

– A senhora não está ligada na bateria. Só isso.

– Que ótima mensagem, Lem – eu disse rindo de orelha a

orelha. – Uma mensagem do universo me dizendo que preciso ficar ligada na minha bateria, minha própria energia, minha "eletricidade", aquilo de que preciso.

E continuei falando, encantada e aliviada com o diagnóstico.

– Acredito que podemos aprender com qualquer coisa que nos aconteça.

Lem fez uma cara de surpresa e comentou:

– Minha senhora, é só um carro.

ESFORÇO

– Estou pronta para jogar minhas muletas fora! – declaro a Ofer.

– Não as jogue fora até aprender a usar as pernas – disse ele.

– Você acha mesmo que é possível fazer as coisas com menos esforço e mais tranqüilidade? – perguntei ansiosa.

– É claro – ele respondeu. – Mas trabalhar com *tranqüilidade* é contra a nossa cultura. Somos treinados para ter limitações.

Mesmo as pessoas que percebem uma enorme mudança em si mesmas às vezes continuam ignorando essa mudança para poderem seguir no caminho do esforço. Elas pensam: "Houve sem dúvida uma grande mudança, mas ela não foi completa porque não me esforcei de verdade."

Eu devo ser uma dessas pessoas. Certa vez, passei uma hora lutando em uma aula particularmente desafiadora, incapaz de seguir as instruções de Ofer, sentindo o cérebro e o corpo exaustos. Eu o ouvia repetir "Sejam gentis com vocês mesmos" e ficava aborrecida e furiosa com ele e comigo por ser tão incapaz.

"Por que ele não vem até aqui?", gemia para mim mesma. "Estou tentando e não estou conseguindo. Não é justo. Ele está vendo que eu não estou entendendo o exercício. Por que não me mostra o que eu deveria estar fazendo?"

Depois da aula, tomei uma xícara de chá com Ofer, um ritual de 15 minutos estabelecido por nós. Contei-lhe como tinha ficado chateada e frustrada durante a aula e aborrecida por ele não ter me ajudado a superar minha confusão.

– Não acredito que seja saudável passar uma hora fazendo exercícios errados – declarei. – Não quero ter sucesso fracassando!

– Em questões de aprendizado – disse Ofer – apressar-se é uma perda de tempo.

"Há tanto valor em saber como *não* fazer alguma coisa do que em saber como fazê-la."

CAVALO DE CORRIDA

Conhecer o ritmo do próprio corpo nos ajuda a saber em que ritmo caminhar.

Diana é instrutora de Jin Shin Jyutsu, a prática de encontrar equilíbrio no corpo estimulando suavemente pontos de pulsação para harmonizá-los. Eu a procurara porque a pressão de bater minhas asas o tempo todo estava me cansando além da conta. Eu me sentia exausta.

– Você é um belo cavalo de corrida – ela disse tomando o meu pulso. – Veio ao mundo desse jeito.

Achei surpreendente que ela pudesse saber isso simplesmente tomando meu pulso. Em algum lugar do meu corpo eu sabia do que ela estava falando. Uma metáfora inesperada surgira. Ali estava eu, um animal quadrúpede cuja especialidade era manter-se em movimento.

– Pelo menos, um cavalo de corrida sabe quando é hora de descansar. Eu apenas continuo correndo. Quero ter outras escolhas que não sejam seguir em frente a toda velocidade ou desabar de cansaço – eu disse a Diana.

– Nossa inquietação vem do fato de estarmos lutando contra alguma coisa – disse ela. – Estamos lutando contra nós mesmos de algum modo essencial e profundo.

"Quando podemos ser quem somos – é assim que descansamos."

ANALGÉSICO

– Cada um de nós tem seu movimento único – disse Nancy. – Tão único quanto nossa impressão digital.

Sorri, pensando que eu tinha o ritmo de um cavalo de corrida.

– Tudo bem em ser um cavalo de corrida, Sue, mas você não precisa correr todo dia no Grande Prêmio – acrescentou Richard.

As palavras de Nancy soaram em meus ouvidos:

"Nós nos abrimos quando diminuímos o ritmo."

"Veja o que o descanso faz surgir."

Todas as vezes em que penso que descansar me fará bem, minha voz que diz "NÃO VOU" vem à superfície. Tenho medo de que, se parar, nunca mais vou me levantar.

Há 30 anos, quando eu morava em Nova York, algumas vezes tinha dor de cabeça. Quando nos mudamos para Berkeley, a vida passou a ser mais fácil. As dores de cabeça desapareceram, mas de vez em quando eu ainda tinha uma das boas. Exatamente como diz o comercial de TV, eu tomava dois analgésicos, deitava-me na cama por meia hora, e PRONTO. Eu ficava ali deitada, muito quieta, até a dor de cabeça passar. Sempre pensei que fosse o analgésico.

Nunca imaginei que *parar* tinha feito a dor sumir.

Quando comecei a fazer alongamento, Nancy fez uma pergunta que levei para dentro do meu corpo e tornei minha:

"Se nunca paramos tempo suficiente para conhecer o silêncio, como saberemos as possibilidades que ele contém?"

PESCAR

Na semana passada, uma amiga me deu uma aula de pescaria – exatamente aquilo de que eu precisava. Quando estou trabalhando, quase não saio para tomar um pouco de ar e olhar a natureza. Preciso de mais folga na minha vida, de mais folga no meu trabalho. A escrita às vezes manda em mim. Mesmo que eu ame o que estou fazendo, minha forma de fazer é tensa e séria demais.

– *Afrouxe* um pouco a linha – disse minha amiga. – É hora de soltar um pouco sua linha. Certifique-se de que há *folga* suficiente na linha. Se houver tensão demais, se a linha começar a ficar esticada, ela pode se partir ou romper. *Dê mais folga* – ela repetiu. – Lembre-se, tem um peixe do outro lado.

Sábio conselho. Planejo colocar em minha lista de afazeres:

Mais tempo de folga.

Ir pescar.

BATIMENTO CARDÍACO

Durante essa época, fui ao hospital para uma biópsia e me deram uma injeção que me deixou sem sentir dor, mas me manteve acordada. Durante toda a intervenção ouvi um TUM, TUM, TUM alto, lento e nítido.

Fascinada, imaginando o que aquele som tão primitivo poderia estar fazendo em uma sala de operações, perguntei ao médico:

– Que barulho estranho é esse?

– É o seu batimento cardíaco – ele disse.

– Isso não pode ser o meu coração – protestei, enfática. – Eu sou muito rápida.

– *É* o seu coração – ele respondeu. – Por baixo desse seu comportamento acelerado você tem um ritmo mais profundo forte e lento.

Enquanto eu estava deitada na mesa de operação, minha atenção se dividiu, uma parte preocupada com o resultado da biópsia, a outra se perguntando: "Se eu conseguisse aprender a me movimentar nesse ritmo mais profundo forte e lento, como seriam meus movimentos?"

DEVAGAR

"Devagar, devagar – quanto menor o movimento, maior a mudança", disse Ofer.

Durante aquela primeira aula de Feldenkrais com Ofer, ele repetiu "devagar" várias vezes. O prazer que tive ao ouvir essa palavra me fez lembrar da minha primeira aula de alongamento com Nancy, quando absorvi uma mensagem doce e revolucionária – "Pratique o prazer. Não pratique a luta."

Ao ouvir aquilo, meu corpo baixou seis oitavas sem que eu precisasse *fazer* nada. Tive um vislumbre do que seria a tranqüilidade e pensei no que Milan Kundera disse:

Por que o prazer da lentidão desapareceu?

CORPO A CORPO

Qualquer um que me visse com minha pilha de papéis, pastas, bilhetes e livros que transbordam de minha mesa de trabalho para duas cadeiras ao meu lado suporia que estou fazendo o que sempre faço. Superficialmente, isso é verdade.

Dois anos de pequenos pedaços de papel produziram sete páginas de texto. Será que ficar mudando os pedaços de papel de lugar é a minha maneira de evitar o trabalho que tenho a fazer? No entanto, estou profundamente envolvida e comprometida com o trabalho, absolutamente certa de estar de novo em pleno processo de escrita.

"Vá com calma", me diz uma amiga. "Você merece."

"A pressa mata o sentimento."

Sentada aqui a cada dia, lembro-me de suas palavras. Absorta, imersa nas páginas, posso sentir uma autêntica mudança na minha atenção. O tempo e o julgamento desaparecem. Horas depois, quando paro, saio para tomar ar, volto ao tempo normal, sinto-me satisfeita. Estive presente.

Não lutei.

Este é um comportamento novo.

Quando estou envolvida em uma luta, nunca me sinto satisfeita. E nunca sinto que posso parar. Eu me vejo trabalhando duro o tempo *todo.* Isso se tornou uma crença tão arraigada que certa dia, quando Mitzi me ouviu contar pela enésima vez minha triste história de como eu trabalhava duro com aquele tom de "pobre de mim", ela me deixou confusa ao afirmar:

– Sue, eu não acho que você trabalhe duro o suficiente.

– Você vê como eu trabalho duro! Como pode dizer isso?

Eu era capaz de produzir provas sólidas, testemunhos de um batalhão de amigos dizendo o quanto eu era empenhada. Mas eu sentia que Mitzi estava chegando perto de alguma verdade – e agora eu sabia o que era.

Corpo a corpo é o termo que usei para descrever minha nova maneira de trabalhar.

Aprendi que a expressão esportiva comum para quem pratica luta livre é lutador corpo a corpo. Quando você está praticando luta livre, entra em contato, tem um companheiro que reage. É assim que nos sentimos quando nos engajamos na solução de um problema e usufruímos o contato. Ao praticar o combate corpo a corpo, eu tinha um parceiro; uma ligação estava surgindo entre mim, as idéias e a escrita – ao contrário da solidão da luta.

O combate corpo a corpo é diferente da luta. Há prazer no confronto. Depois de quatro ou cinco horas, eu não apenas me sentia satisfeita como sabia que podia parar. De repente, eu tenho escolhas. Posso mudar de marcha e fazer outra coisa, ou descansar e relaxar. Ou não fazer nada.

– Quando você trava um *combate corpo a corpo,* você se engaja num problema – disse Rachel. – Quando *luta,* você se confronta com um juiz.

Deixei que suas palavras fossem sendo absorvidas.

– É agarrar algo invisível e levá-lo até a luz – ela acrescentou.

– Uma descrição perfeita do meu processo de escrita – eu disse rindo.

Eu acabara de passar 10 dias gloriosos travando um combate corpo a corpo – trabalhando com *vigor*.

PARAÍSO

Durante anos, meu maior desejo fora me afastar do meu mundo, em que me sentia puxada em tantas direções diferentes, e me retirar para um espaço silencioso. Um lugar onde não houvesse distrações e onde eu pudesse trabalhar sem parar com os milhões de pedaços de papel que juntara. Um lugar onde outra pessoa faria o jantar.

Será que os desejos se realizam quando você deseja com muita força?

Acho que o processo é mais complicado do que isso, mas em setembro fui passar um mês em uma colônia de artistas num rancho isolado no norte da Califórnia. Cinco noites por semana teríamos um delicioso jantar. No resto do tempo, a geladeira ficaria cheia de mantimentos. E durante um mês eu não teria que entrar em um carro.

No segundo dia do retiro, os oito sortudos residentes – três artistas plásticos, dois escritores, um dramaturgo, um compositor e uma coreógrafa – se reuniram na sala para receberem orientação e tomarem conhecimento de algumas regras básicas: silêncio durante o dia, jantar às sete. Nada de TV ou rádio.

Em seguida, cada um de nós recebeu um manual de sobrevivência, uma lanterna e um apito. Durante uma hora o líder dissertou sobre cascavéis (uma cascavel só é capaz de atacar a uma distância equivalente a um terço de seu comprimento), arbustos venenosos, carrapatos, vespas e coiotes. Havia uma página inteira de instruções no manual intitulada: SE VOCÊ ENCONTRAR UM LEÃO-DA-MONTANHA.

"Vocês podem identificar o leão-da-montanha por sua grande cauda", explicou o líder, e eu me perguntei se aquele detalhe era necessário. Minha instrução favorita sobre o leão-da-montanha:

Faça tudo o que puder para parecer maior.

Até mesmo o paraíso oferece oportunidades para alongar e tornar-se maior.

MURO INVISÍVEL

Leah é bailarina, uma poetisa do movimento. Fizemos uma caminhada nos primeiros dias da colônia, e, enquanto eu observava sua postura ao caminhar, pensei: se posso aprender a pintar copiando o trabalho dos artistas que admiro, por que não poderei aprender a ser tão viva assim dentro do meu corpo imitando a fluidez do movimento da bailarina?

Enquanto conversávamos, ela usou a expressão *muro invisível*. Intrigada, pedi-lhe que me explicasse melhor o que queria dizer.

– Tem a ver com o meu trabalho – ela falou. – Quero me envolver, e na maior parte das vezes eu me envolvo, mas há momentos em que começo a me engajar, e aí a resistência aparece. O lugar onde estou não fica longe de onde quero estar, mas existe uma barreira, fixa e impenetrável, entre mim e meu processo criativo.

– Para mim é fácil imaginar esse muro – eu disse. – Algumas vezes me sinto como o coelhinho do comercial da TV, que continua andando depois que todos os outros param, pulando contra o muro e continuando a pular. Eu me dou conta de que, enquanto pulo, fico esperando que em algum momento o muro fique cansado, irritado ou apenas entediado o suficiente para desabar. Mas o muro nunca se move. Nessas horas, não consigo imaginar uma nova estratégia para pular por cima, dar a volta ou passar através do muro.

– Se, em vez de ser o coelhinho do anúncio, eu fizer contato com o próprio muro – se conhecer suas características, souber do que gosta e do que não gosta –, ele vai parecer menos imponente. Mas algumas vezes o muro é demais para mim – disse Leah, parecendo desanimada. – Outras vezes o muro é bem frágil – continuou –, e quando estou totalmente envolvida em meu trabalho, livre de inibições, o muro não está mais ali.

Quando Leah aceita o muro invisível, ele se desfaz.

Ao permitir que o muro exista, deixando-o ficar no lugar onde está, exatamente como está, descobrimos que alguma coisa muda. Enquanto caminhávamos, Leah e eu imaginamos outras maneiras de lidar com uma barreira – encontrar uma dobradiça, uma janela, uma porta, até mesmo uma rachadura. Chegamos a imaginar o muro desabando.

Será que poderíamos aprender a ignorá-lo e a nos comportar *como se* estivéssemos em pleno trabalho para, finalmente, perceber que estávamos de fato trabalhando? Ou, como um personagem de desenho amimado, pintar uma porta no muro, abri-la e entrar?

Eu tinha passado aquele dia escrevendo sobre a terrível queda que sofrera alguns meses antes. Contei a Leah como lidava com aquele trauma. Para evitar me sentir machucada pelo que acontecera, parte de mim congelou. Ela entendeu.

– Chamo esse processo de movimento em direção ao muro de *descongelamento* – ela disse.

Quando, depois de uma pausa, Leah recomeça a trabalhar, ela diz que a sensação é a mesma de tirar alguma coisa do freezer.

– É preciso tempo para que aquilo amoleça antes de poder prová-lo e moldá-lo. Depois de ter descongelado e acolhido o projeto, pode haver movimento. É aí que mora o meu trabalho, é aí que eu moro. Mas não é o trabalho que é tirado do *freezer*, sou eu.

Uma mensagem dentro de uma caixa em cima de um toco de sequóia deixada por um dos antigos residentes dizia:

DAR FORÇA À SUA CANÇÃO É UM PROCESSO LENTO.

SILÊNCIO

Muitas vezes há uma defasagem entre aquilo que ouço e o momento em que sou capaz de trazer a experiência para dentro do meu corpo. Decidi que durante o retiro eu não entraria em um carro. Sem TV ou rádio, eu estava adorando o silêncio e ele me fazia bem.

Pouco antes de partir para o retiro, eu perguntara a Nancy se havia uma relação entre aprender a se mover lentamente e o silêncio.

– Quanto mais você consegue perceber como gera seu próprio ruído, mais se torna capaz de abrir-se ao silêncio – ela respondeu. – Se pode desenvolver o seu silêncio, você vê com mais clareza onde está. É como mandar limpar suas janelas.

CEDER AO CAPRICHO

O terreno do rancho é muito bonito e muito íngreme. Minhas aulas de alongamento não tinham me preparado para a primeira caminhada de 45 minutos colina acima. Comecei tentando ignorar os avisos do manual sobre leões-da-montanha, esperando que fosse uma brincadeira. Mas subir a colina não era uma brincadeira. Era um trabalho árduo. Minha recompensa veio por volta da terceira curva quando vi um grande sinal amarelo em forma de triângulo que dizia:

CEDA AO CAPRICHO.

Algumas vezes sou muito ansiosa em minha busca. Confio em minha intuição, mas ceder ao capricho parecia diferente – mais leve, mais suave, mais divertido – até cômico. Pensei comigo mesma: "Acrescente isso ao seu repertório!"

O ESPAÇO DO MEIO

Leah me oferecera a imagem de um muro invisível que pode atrapalhar o nosso caminho. Então recebi uma carta da minha amiga Donna, uma americana que morava no Japão com o marido e o filho, descrevendo um espaço que ela tinha visto entre dois muros reais, concretos.

Quando ela passeia por seu bairro, sempre repara em um conjunto de apartamentos muito modestos, feiosos. Dois lados do condomínio são cercados por um muro de concreto em curva. O muro é feio e alto demais para que se possa ver o outro lado e cerca todo o quarteirão.

Em toda a sua extensão, o muro tem um espaço de cerca de cinco centímetros de terra na parte de baixo, entre dois trechos de concreto. Nesse pequeno espaço de terra de cinco centímetros há muitas flores.

As flores são espantosas – de todas as cores, cuidadosamente plantadas, de várias alturas e tipos. As mulheres as substituem de acordo com as estações e cuidam delas meticulosamente.

Caminhar ao longo desse muro é como estar em um miniparaíso. Essas mulheres foram capazes de criar um espaço de expressão suave e delicada entre dois espaços duros, tudo naquele vão pequenininho entre dois muros de concreto. E compartilharam sua *arte* com todos os passantes.

Elas criaram beleza no meio de sérias limitações.

Aquele espaço descrito por Donna me fez lembrar como eu estivera dentro do meu corpo – a máquina de cromo, a armadura rígida – e como eu tinha começado a me alongar e me abrir para encontrar a suavidade interior. O *espaço do meio* que aquelas mulheres japonesas tinham sido capazes de criar evocava todo tipo de imagens. Uma delas era a citação de uma pianista famosa:

Não lido com as notas melhor do que muitos pianistas, mas as pausas entre as notas – ah, é aí que reside a arte.

VISÃO DE ÁGUIA

Sempre adorei o mito de Psique, a jovem que se apaixona por Eros – especialmente quando aprendi que Psique quer dizer *alma.*

Infelizmente, Psique consegue causar a ira de sua ciumenta sogra, Afrodite, que a faz enfrentar uma série de tarefas aparentemente impossíveis. Se não conseguir completá-las a tempo, o preço será a morte.

A tarefa com a qual mais me identifiquei foi tirar um copo d'água do rio Estige, cercado por um terreno traiçoeiro e vigiado por monstros. Ao descrever esse desafio, Robert Johnson escreveu:

A natureza feminina é inundada pela vastidão das possibilidades e atraída por todas elas.

Ao ler essas linhas, soube que ele estava descrevendo o ponto central do meu dilema.

"Eu escolho todas elas."

Mas a águia de Zeus vem ajudar Psique. Lá do alto, a águia não se enreda na "vastidão das possibilidades". Em vez disso, ela tem uma visão panorâmica da situação, escolhe um ponto, mergulha e recolhe o copo d'água.

Agora eu quero adotar uma nova prática. Eu a chamo de VISÃO DE ÁGUIA.

Imagino que estou voando como uma águia por cima de todos os detalhes do que está acontecendo agora. Quando minha visão se torna mais ampla, percebo que as coisas são capazes de se resolver sozinhas.

Desse lugar lá em cima, vejo claramente o que é mais importante.

Depois de todas as provas e testes, Psique finalmente se reencontra com Eros. Eles têm um filho, a quem dão o nome de *Prazer.*

BORBOLETA

Em grego, *psyché* significa tanto "borboleta" quanto a alma humana.

Meu marido muitas vezes me chama de borboleta, sem estar me julgando, na verdade com carinho na voz. Bater as asas para evitar ser capturada é um ritmo bem diferente daquilo que uma borboleta faz, mas o movimento da borboleta ainda é algo que desejo atingir. Sua tarefa é ir de flor em flor, perseguindo seu próprio prazer, saciando-se onde puder com o néctar das flores, parando um pouco e depois partindo para uma tarefa maior – polinizar as plantas.

Mais tarde, aprendi que, para se tornar uma borboleta, a lagarta deve obrigatoriamente se livrar de uma pele muito, muito justa. Acrescentei à minha lista de pesquisas: as características das borboletas. Até agora aprendi que os antigos usavam a expressão *almas voadoras* para se referir às borboletas.

Finas linhas, conexões inesperadas e misteriosas.

Preste atenção no que está começando a despertar dentro de você. A lagarta pode sentir a essência da borboleta mesmo antes de ela começar a aparecer.

DORIAN BIETZ

ASAS

Passei mais de um ano relembrando o encontro com Pamela e a sensação dos arrepios. Eu sabia que vislumbrara algo muito grande. Ao mesmo tempo, parte de mim ainda queria uma explicação lógica.

Eu também estava esperando, nem sempre com paciência, pelo momento certo de escrever para meus amigos, planejando perguntar-lhes se sabiam algo sobre arrepios ou se haviam passado por alguma experiência que lhes tivesse causado arrepios.

Recebi da Suíça uma carta de uma mulher que eu não conhecia, chamada Susan, a quem uma amiga enviara minha carta.

Arrepios? Sim, eu presto atenção neles. Quando li sua carta os pêlos dos meus braços se arrepiaram todos – um sinal incontestável, para mim, de que algo está acontecendo.

Platão falava dos arrepios como vestígios de tempos remotos, quando se pensava que nossas almas tinham asas. Platão acreditava que, no início, as aberturas pelas quais as asas tinham que crescer estavam rígidas e fechadas, o que as impedia de despontar. Mas lentamente, com amor, carinho e paciência, a parte rígida se dissolve – e a alma começa a criar asas.

Não é maravilhoso?

Vamos juntas deixar nossas asas crescerem.

Lendo as palavras de uma desconhecida, senti arrepios.

Escrevi rapidamente as palavras *Vamos deixar nossas asas crescerem* em um pedaço de papel. Ao escrevê-las, percebi que no começo de qualquer desafio encontramos obstáculos, confusão e dúvidas. É natural. Mas quando deixamos que a rigidez dentro de nós comece a derreter, permitimos que nossa alma cresça. Respirei bem fundo e vi, com minha visão de águia, que é disso que trata essa jornada.

Estamos convidando nossa alma a deixar as asas crescerem.

ARRISCANDO

O que atrapalha nosso caminho – o que nos faz ter medo de deixar nossas asas crescerem?

SUPERANDO O MEDO

– O desejo do meu coração é ir para longe e escrever – eu disse a uma amiga. As lembranças do silêncio ainda estavam comigo, dentro de mim, lembranças do tempo que eu passara na colônia de artistas.

– Para onde você gostaria de ir? – perguntou Mitzi.

– Eu poderia ir para a casa de uma amiga em Sonoma por dois dias e talvez ficasse com outra amiga por mais dois dias. Mas isso exigiria muito deslocamento.

– Que tal um hotel? – ela sugeriu, se empenhando em me ajudar.

– Um hotel por três semanas seria caro demais.

Escutei suas sugestões e me ouvi recusá-las, uma por uma. Ouvi e *senti* o quanto eu estava presa – presa em uma gaiola que criara para mim mesma.

Naquela mesma tarde, por acaso, liguei para Alev, uma amiga e escritora que mora em São Francisco, para esclarecer uma dúvida sobre edição. Inesperadamente, perguntei se ela, com sua vasta rede de amigos, conhecia alguém que pudesse me indicar um lugar não muito longe para onde eu pudesse ir e alugar um espaço, por três semanas.

– Robert e eu vamos passar três semanas viajando em outubro – ela disse. – Você gostaria de ficar aqui em casa?

Um sonho atendido.

Eu ouvira dizer que Alev tinha um escritório maravilhoso, onde ela escrevia, e estava adorando a idéia de ir para São Francisco.

Uma dádiva? Certamente era um golpe de sorte.

Maravilhada imaginando minha nova experiência, eu mal a ouvi mencionar seus velhos e queridos gatos, Blackie e Blue. Meu "trabalho" seria cuidar deles. Meu coração murchou. Não gosto de gatos. Gosto de acariciá-los se eles forem mansos, mas nunca tive um gato e não me sinto especialmente à vontade com eles. Cuidar de gatos parecia um preço alto demais – fiquei com medo.

E se eles saíssem da casa enquanto eu estivesse cuidando deles? *E se* ficassem doentes durante minha estada?

Decepção.

Outro NÃO.

Contei a Mitzi sobre minha oportunidade de ouro, e ela concordou. "Gatos têm movimentos imprevisíveis", disse ela. "Nunca sabemos onde vão estar."

Decidi *dar um tempo.* Durante dois dias, eu pensaria no que fazer.

Viver com um "NÃO" durante dois dias foi uma sensação terrível.

No terceiro dia, perguntei a Alev: "Será que eu poderia dar um pulo aí e conhecer os gatos?"

Blackie e Blue eram dois gatos velhos e grandes – muito grandes. Blackie era particularmente enorme. Ambos tinham o pêlo liso e sedoso e irradiavam uma sensação de bem-estar. Aqueles gatos *sabiam* que eram muito amados.

Alev mostrou-me a casa, explicou-me como pegar os gatos no colo e disse que havia uma portinhola para eles no quarto onde eu iria dormir, para que eles pudessem entrar e sair quando quisessem. Ou então, à noite, se eu preferisse, poderia descer a mais estreita de todas as escadas de ferro e levá-los para o porão. Pela manhã, eu poderia soltá-los. Ela me deu explicações sobre a comida dos gatos, sobre caixas de fusíveis e sobre os dias em que deveria colocar o lixo para fora.

Seu escritório era uma graça. Um lugar mágico escondido no andar de baixo, com vista para um pequeno jardim.

Cada canto e vão da casa tinha objetos e livros, livros, livros, e o chão era coberto de tapetes. Cada objeto tinha uma história. A casa de Alev era cheia em todos os sentidos – o oposto da minha. A minha torna-se cheia e viva quando consigo criar mais espaço vazio. Prometi que telefonaria em vinte e quatro horas.

Quando cheguei em casa, liguei para Mitzi e contei que tinha ido visitar dois gatos muito impressionantes. Ela me disse que pensara sobre sua primeira resposta em relação aos gatos e tinha se lembrado: "Quando passei a usar lentes de contato e pude vê-los, não senti medo."

Quanto medo vem do fato de não ver, de não saber?

Em seguida, liguei para Harriet, uma amiga veterinária, para pedir conselhos.

"Você pode aprender sobre *tranqüilidade* e *prazer* observando os gatos", disse Harriet. "Eles serão professores maravilhosos."

INTENÇÃO QUE VIRA AÇÃO

Logo depois de dizer a Alev que adoraria cuidar da sua casa, dos seus gatos e escrever, apareceu uma dor irradiante vinda de um nervo pinçado no meu quadril. A dor dizia: "NÃO." Determinada a cumprir minha palavra e acreditando que Ofer ajudaria a melhorar a situação do meu quadril, telefonei para ele, perguntando se poderia me atender – *imediatamente.*

Quase nunca dirijo no escuro, mas o único horário em que ele podia me atender imediatamente era às sete horas e quinze minutos da manhã seguinte em Walnut Creek, a quase uma hora da minha casa. E a auto-estrada para Walnut Creek é conhecida por ser a construção mais esdrúxula da área da baía de São Francisco: viadutos irracionais, placas de saída que mudam o tempo todo – um horror até durante o dia. Sempre prendo a respiração quando mudo de faixa.

Os obstáculos pareciam enormes.

Muitos "nãos" têm feito parte do meu vocabulário.

Não dirigir à noite.

Não dirigir em auto-estradas, a não ser que realmente precise.
Não ter bom senso de orientação.
Os "nãos" eram menos importantes do que o "sim" maior.

Ainda estava escuro quando saí para Walnut Creek às quinze para as seis da manhã; as sinalizações de saída seriam ainda mais difíceis de encontrar. Será que o dia estaria claro quando chegasse a hora da sessão? Ofer dissera que eu deveria ficar atenta para a saída da 680 Sul, e em seguida passar imediatamente para a faixa da esquerda, mas não disse de que lado da estrada estaria o sinal de saída. Ainda era cedo, mas o tráfego já estava pesado, e eu não tinha a menor idéia em qual das quatro faixas entrar.

De tanto em tanto, tinha que me lembrar de respirar.

Vi placas à frente, mas ainda não conseguia lê-las, e à medida que me aproximava delas fui ficando preocupada com o fato de ter de mudar de faixa na última hora. Olhei para trás e de repente não havia carros atrás de mim. Foi como Moisés "abrindo as águas". Tive tempo de respirar e passar para a faixa certa.

Existe todo tipo de milagre.

Aliviada e agradecida, acreditei que meus problemas tinham terminado.

Virei à esquerda imediatamente no início da rampa e depois me preparei para fazer outra curva para a esquerda, conforme as instruções. Desnorteada, vi duas estradas partindo para a esquerda. Decidi seguir a caminhonete à minha frente.

Quando me dei conta, estava em uma estrada de cascalho esburacada e íngreme, cercada por grandes guindastes. Um cenário de ficção científica: auto-estradas inacabadas em volta, no escuro, em uma estrada que não era uma estrada.

– **Senhora, não deveria estar aqui** – gritou o motorista do guindaste.

Eu sabia disso.

Estava apavorada com a idéia de entrar em uma auto-estrada diferente, dessa vez sem instruções, mas o motorista do guindaste revelou-se um bom samaritano e me explicou como tornar a descer o terreno esburacado até a *outra* rua à esquerda.

Minha necessidade e minha vontade se aliaram para superar obstáculos que tinham guiado meus passos durante muito tempo. Cheguei a tempo. Senti-me maravilhosamente bem ao chegar lá, mas aprendi uma lição maior, uma lição de que espero me lembrar para sempre:

Não se arriscar também pode ser um risco.

GATOS

A porta se fechou, e eu estava sozinha com os gatos de Alev – Blackie e Blue. Uma onda de pânico apoderou-se de mim. De que eu tinha mais medo? Alev dissera que os gatos eram velhos e lentos. Será que ficariam doentes sob meus cuidados – morreriam até? Será que trancariam a porta da frente quando eu saísse para dar uma volta? Será que ficariam com tanta saudade de seus queridos donos que se recusariam a comer? Será que um deles sentiria meu nervosismo quando eu fosse pegá-lo, e me arranharia?

Antes de descer para o escritório, tive uma conversa com Blackie e Blue. Contei-lhes que era nova naquilo e pedi que tivessem paciência comigo. No primeiro dia e na primeira noite, eles comeram e dormiram, saíram e entraram. Eu lhes disse como estava contente por estar em sua casa e como me sentia ansiosa para escrever. Quando os acariciei, hesitante, eles pareceram satisfeitos, até receptivos. Relaxada e agradecida, senti que as coisas estavam indo bem.

No terceiro dia à noite, antes de fechar a casa, chamei Blue para entrar. Nada de Blue. Fui até o jardim dos fundos e chamei: "Blue, Blue. Hora de entrar." Chamei, esperei, chamei de novo, sacudi os brinquedos e, finalmente, supliquei: "*Por favor,* entre. Quero que fique seguro. E gostaria de ter uma boa noite de sono."

Nada de Blue.

Tive um sono agitado naquela noite. Levantei-me algumas vezes, fui até a porta para chamar Blue, sacudindo seus brinquedos. Depois de apenas algumas horas de sono, levantei-me ansiosa para começar meu dia. Senti pavor de olhar no jardim, com medo de encontrar um gato ferido. Mais tarde, na escada externa que ia dar na rua, encontrei a coleira com a plaquinha com o nome dele, mas nada de Blue.

O dia foi muito comprido e precisei de muita força de vontade para escrever. Mais tarde, saí para tomar um café, parei em uma loja de animais do bairro para pedir conselhos, tornei a procurar, voltei para casa e encontrei Blue andando de um lado para o outro como se nada tivesse acontecido.

Deixei de ser uma preocupada babá de gatos e me transformei em uma atenta observadora de gatos.

Blue era o que se aventurava fora de casa e geralmente tinha que ser chamado de volta à noite. Dentro de casa, Blackie era mais agressivo. Quando eu lhes dava guloseimas, Blackie imediatamente engolia a sua e, depois, a de Blue. Blue parecia resignado com seu destino, mas eu queria igualdade.

A cada manhã eu os encontrava aninhados juntos em uma grande cadeira de couro da sala de jantar, uma visão capaz de aquecer o coração de qualquer mãe. Comecei a relaxar novamente. Eu aprendera sua rotina, e eles, a minha. Então, depois de cinco dias, os gatos trocaram de cadeira.

Agora se aninhavam em cima da correspondência que se acumulara em uma cesta de vime na porta da frente. Trocaram seu lugar de dormir preferido cinco vezes enquanto eu estava lá. Como grandes especialistas em prestar atenção nos próprios desejos, eles não conheciam o significado de rotina.

Blue voltou duas vezes para casa sem sua coleira de identificação. Nas duas vezes fui à loja de animais para comprar uma nova, sempre conversando com a vendedora. "Você é muito responsável", disse a mulher em minha terceira visita. "Eu ficaria feliz em recomendá-la para alguns dos meus clientes. Eles sempre vêm à loja perguntar se eu conheço alguma profissional babá de gatos."

"Sue, a especialista em gatos", pensei rindo.

Eu, que esperava trabalhar sozinha, acabei ganhando dois inesperados professores.

Observando incansavelmente a maneira sensual como se espreguiçavam – lânguidos, lentos –, percebi que sempre estivera afastada daquela parte de mim mesma. Eles adoravam ser acariciados, e eu adorava acariciá-los, ouvindo-os ronronar com uma satisfação incontida. Blackie e Blue eram um exemplo de *satisfação*, uma palavra que eu não uso com freqüência – uma experiência que não tenho com freqüência.

Dormindo sob o sol em cima das tábuas do piso, eles se entregavam totalmente à satisfação, mas, ao menor barulho, ficavam imediatamente atentos. Eu imaginava que eles gostavam de me observar, me achando muito engraçada, esperando que eu os atraísse apesar de não terem a menor intenção de ser atraídos.

Eles personificavam uma *presença*. De objetos de preocupação, Blackie e Blue tornaram-se preciosos companheiros – e ótimos professores.

E sobretudo eu aprendi a amá-los.

MAIS POSSIBILIDADES

"Sou uma pessoa preta e branca que usa roupas pretas e brancas e faz cerâmicas tortas pretas e brancas", digo quando alguém me pede que eu descreva a mim mesma. Recentemente, acrescentei o cinza à minha lista. E quando anseio por um pouco de cor escolho o vermelho.

Minha paleta de poucas cores é familiar e segura. E não preciso pensar muito sobre o que vou usar.

O ritmo do meu corpo também parece se sentir mais confortável com extremos. Ele só tem duas posições, desliga e liga. O botão de desligar só é acionado quando finalmente paro de bater as asas e vou dormir. Não há um botão para descanso. Yvonne falou de um dimmer. Eu não sabia o que era aquilo.

"O *dimmer* é uma alternativa para o interruptor de luz que só tem posições de *liga* e *desliga*", ela explicou. "O *dimmer* permite que você tenha toda uma gama de luminosidades – de muito brilhante a muito fraco, quase desligado, mas não completamente desligado."

A imagem de um *dimmer* com muitas outras posições me fez pensar em Nancy, que sempre nos incentiva a usar algum outro canal – emocional, cinestésico, sensorial, racional. "Há coisas demais acontecendo em um só canal", diz ela, e eu tenho certeza de que é no canal do pensamento.

"Mude sua freqüência. Aumente sua gama de cores."

ARRISCANDO-SE

Será que eu conseguiria criar novos hábitos – aumentar minha gama de cores?

Depois de não ganhar o prêmio de Melhor Personalidade aos 12 anos, o que na época tinha sido uma decepção quase insuportável, eu me protegera recusando-me a competir, recolhendo-me para uma concha menor. Usar tantas armaduras fizera com que eu me sentisse frágil debaixo de toda a proteção.

Quando Richard e eu jogávamos tênis, eu nunca jogava "partidas". Era a minha regra. Batíamos bola até algum dos dois fazer um ponto. Eu gostava de jogar, mas continuava me recusando a competir.

Quase nunca assisti aos jogos de pólo do meu filho Michael, e assisti uma única vez à corrida do meu filho David, quando ele e sua equipe estavam disputando um campeonato. Eu mal conseguia respirar, fechava os olhos a todo momento e pensei que fosse morrer de ansiedade.

Minha reação era tão intensa, que finalmente decidi olhar de frente esse medo da competição. Eu criaria um novo hábito. Meu primeiro treinamento consistiu em me inscrever em uma competição de tênis. O jogo era às oito horas em uma manhã fria e escura, e embora eu quase nunca transpire, suava em bicas. Ficava repetindo para mim mesma: "Você está fazendo uma coisa corajosa", enquanto me perguntava se sobreviveria ao jogo.

Ganhei o primeiro jogo, mas ganhar era a parte menos importante do desafio. Eu simplesmente precisava fazer aquilo – o preço de não me arriscar tinha se tornado alto demais.

Encarar um medo que governava minha vida desde os 12 anos já era uma vitória.

Anos depois, inscrevi uma das minhas cerâmicas em uma exposição onde as peças seriam escolhidas por um júri. Já tinha feito isso algumas vezes antes, mas sempre em segredo – não contara nem para Richard. Daquela vez, contei para ele e para vários amigos.

Como a concha é frágil – ou será a pessoa dentro dessa concha?

Quando chegou a carta anunciando que minha cerâmica tinha sido rejeitada, chorei por alguns instantes. Depois dei a notícia a Richard e a meus amigos. Era decepcionante, sim, mas o medo de ficar decepcionada não valia toda a energia que eu gastara me protegendo. Algo dentro de mim já estava diferente.

Arriscar-se valia a pena, não importava o resultado.

Agora eu tinha outras escolhas – outras maneiras de responder às possíveis decepções e desafios da vida. Um ano depois, inscrevi-me em outra exposição e fui aceita pelo júri. Fiquei contente por ter sido aceita, mas expor-me aos olhos de todos – os meus e os dos outros – era a verdadeira vitória, quer eu fosse aceita ou não. Eu tinha a sensação de ter alongado um músculo.

Não tinha mais medo de me expor.

Você deve fazer aquilo que pensa não ser capaz de fazer.

Eleanor Roosevelt

M. C. RICHARDS

M. C. Richards é uma das minhas heroínas.

Ainda tenho um exemplar do seu livro *Centrering* (Centrar), publicado pela primeira vez em 1962, com muitos, muitos parágrafos marcados em vermelho e frases sublinhadas. Isso foi antes de eu parar de rabiscar os livros que adoro. Cerâmicas, pinturas e poemas, todos frescos, explodindo de vida – ela parecia não ter medo de enfrentar *nada.*

Há cinco anos, na livraria do meu bairro, por acaso dei uma olhada no balcão do caixa e descobri um folheto anunciando um workshop de seis semanas que M. C. Richards estaria ministrando: "Barro, cor e palavra." Corri para casa, telefonei e me inscrevi.

Quando cheguei para a primeira aula, encontrei uma mulher alta, esbelta, de cabelos grisalhos, com um rosto atraente e cheio de vitalidade – M. C., 67 anos – uma presença formidável.

Nós nos demos bem imediatamente e começamos a nos encontrar entre as aulas. Ela me contou como estava entusiasmada por sua primeira aula ter corrido tão bem.

– Por que sofro tanto por antecipação? – ela perguntou. – Fico apreensiva, insegura e ansiosa.

Depois, quando chega a hora de começar, ela fica em pé ou senta-se em um banco alto, e tudo entra nos eixos.

– O que acontece? O que é essa coisa que *surge?*

– É uma dança em que todos colaboram – eu disse.

Ela concordou. Durante a aula ela dialoga com as outras pessoas. Elas a interpelam, M. C. responde e continua.

– Tenho que abrir mão do controle quando danço com o parceiro.

– Não podemos determinar o que os outros vão dizer – ela acrescentou. – É impossível saber de antemão até fazermos isso juntos.

– Eles estão despertando alguma coisa em mim: a professora, a poetisa, a palhaça.

– E eu estou respondendo. Uma parte diferente de mim responde, não o *pequeno* eu que estava tendo dificuldades e se sentindo inseguro. O grupo, todos juntos criam uma relação interna que é fermento, mistério e criatividade. Ela diz respeito a todo mundo. Eles sentem isso mutuamente, assim a bola nem sempre está na minha quadra.

Então ela acrescenta, como se falasse com todos nós:

– Alguma coisa em você vai *despertar*. Confie nela.

CORRENTES SUBTERRÂNEAS

A aula de Nancy no estúdio sempre se chamara "Basta alongar". Certo dia percebi que tinha mudado de nome. Passara a ser "Correntes subterrâneas".

Estranho, pensei. Como é que alguém vai saber que aula é essa? Àquela altura, no entanto, eu teria entrado em qualquer uma de suas aulas – mesmo que se chamasse "Queijo verde". Perguntei-lhe o que significava o novo nome.

"*Correntes subterrâneas* é o que fica por baixo da nossa necessidade de realizar alguma coisa", ela disse.

"É o que fica por baixo dos nossos padrões, por baixo de nossa atividade."

"É o que fica por baixo da nossa necessidade de procurar algo."

"É o que fica por baixo da necessidade de mudar alguma coisa em nós."

Ouvi-la dizer que não é preciso provar nada, fazer nada, me dá vontade de chorar de alívio. Eu me imagino livrando-me da minha rotina de esforço permanente quando ela diz: "Pratiquem sentir-se bem no lugar onde estão."

"Alonguem-se em direção a todos os lugares onde ainda não viveram em vocês mesmos."

"Permitam-se ter mais de si mesmos."

"NÃO!"

No passado, quando me pediam para fazer alguma coisa que me parecia um passo grande demais, eu nunca pensava em dizer "NÃO". Quando fui convidada para fazer parte de uma mesa-redonda religiosa na convenção de livreiros americanos em Chicago, fiquei feliz e honrada. Depois pensei melhor e liguei de volta para o homem que tinha me convidado. "Acho que não me sairei bem em uma mesa-redonda." "Ah, não", ele me garantiu. "Achamos que a senhora se sairá muito bem."

Nunca pensei em dizer "NÃO".

Enquanto eu escrevia *O sagrado cotidiano,* a imagem da tigela de esmolas entrou na minha vida. Desde então venho fazendo essa dança: quando sinto que estão me pedindo para fazer algo que considero um passo grande demais, eu falo. Se as pessoas do outro lado não cederem – e até hoje nunca cederam – eu digo a mim mesma: "Algo inesperado foi colocado na minha tigela. Deve haver alguma razão espiritual para que estejam me pedindo para fazer isso. Posso não entender o que é agora, mas farei o possível para adiar meu julgamento."

Então digo "SIM".

Durante os dois meses seguintes fui invadida por uma dose de medo e dúvida maior do que a habitual, especialmente quando fiquei sabendo que meu editor estaria na platéia. "Vou decepcioná-lo", pensei preocupada, com um antigo sentimento familiar no corpo. "Ele vai me ver fracassar."

Entre uma preocupação e outra, passei bastante tempo realmente trabalhando na minha apresentação.

Quando cheguei a Chicago, uma cidade que adoro, em vez de aproveitar o tempo livre para fazer turismo, fiquei no quarto treinando e cronometrando meu tempo, já que não fazia idéia do quanto se pode dizer em 10 minutos. Yvonne me deu um ótimo conselho:

– O primeiro passo para fazer parte de uma mesa-redonda é *escutar*.

Quando o programa terminou, eu sobrevivera. Meu discurso não desagradou.

– Um sucesso – disse alguém.

O final foi feliz – mas veio de forma inesperada. Percebi pela primeira vez que, se esse for o comportamento que preciso adotar para obter resultados positivos, o preço é alto demais. Essa descoberta foi o final feliz.

Eu tinha outra escolha – uma escolha na qual nunca pensara antes.

Da próxima vez que me pedirem para fazer alguma coisa que pareça particularmente estressante, posso dizer: "Fico muito lisonjeada, mas NÃO, não estou aceitando esse tipo de desafio agora." Afinal de contas, não sou um monge pedindo esmolas. Minha tigela não precisa estar aberta para receber o tempo *todo.*

Simbolicamente, posso virar minha tigela de cabeça para baixo.

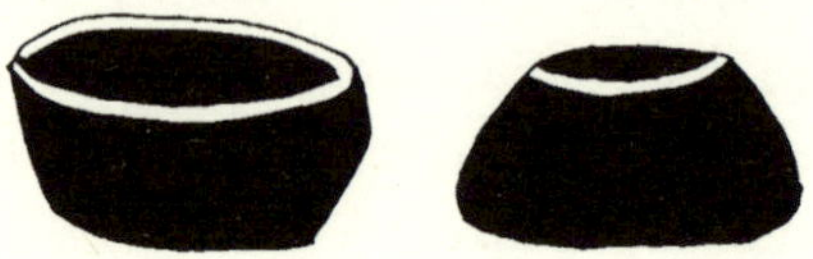

Há momentos em que se retirar para dentro de si é uma força – confiar em si mesmo o suficiente para não se lançar no mundo por puro ímpeto ou esforço. E há outros momentos em que aceitar algo difícil pode ser um alongamento que vale a pena.

Agora que me dei permissão para dizer "NÃO", posso me imaginar dizendo "SIM" com menos esforço e mais confiança.

Como saberemos até onde podemos nos alongar se não tentarmos?

SIM!

Quando a gravadora Audio Renaissance me pediu para gravar *Plain and Simple* (Puro e simples) e *O sagrado cotidiano* em fita cassete, fiquei entusiasmada. "SIM!", disse sem hesitação. Um novo desafio – um desafio que duraria uma semana.

A gravação seria no Fantasy Records, um moderníssimo estúdio de gravação em Berkeley, em cuja entrada estão orgulhosamente pendurados os discos de platina recebidos por seus artistas.

Sentada em um banco alto, olhando para o diretor, o engenheiro de som e as bancadas de equipamento técnico através de uma parede de vidro, imaginei ser uma estrela do *rock* irradiando confiança. Mas na realidade o primeiro dia foi muito mais difícil do que eu imaginara.

A cada dois minutos o diretor me pedia para parar e repetir o que eu acabara de dizer. Ou eles tinham escutado minha respiração, ou o som de uma única folha de papel caindo no chão fora alto demais, ou meu ritmo não estava bom. Ao final daquele primeiro dia só tínhamos gravado 12 páginas, e dois livros precisavam ser completados antes da noite de sexta-feira.

– Não acho que eu leve jeito para contar histórias assim – eu disse a meu filho David naquela noite.

– Uma das melhores lembranças que guardo da vovó – ele respondeu – é como eu gostava quando ela lia histórias para mim. Eu sempre ficava esperando aquele momento.

Absorvi suas palavras, escutando atentamente o que ele tinha a dizer. Respirei fundo e senti meus ombros, aqueles famosos indicadores que muitas vezes ficam perto das minhas orelhas, abaixarem enquanto eu pensava:

"Talvez eu possa ler como minha mãe faria."

Na manhã seguinte, li com meu coração.

– O que aconteceu na noite passada? – perguntou o diretor. – Você está tão mais tranqüila.

KAZ E O CÍRCULO

Muitas vezes, quando procuramos algo, encontramos outra coisa muito mais valiosa.

A imagem do círculo me intriga.

Voltamos para casa – fechamos o círculo. Correr em círculos, a lua cheia, círculos de cura, o fato de duas pessoas serem incapazes de desenhar o mesmo círculo. Tudo isso me intriga e fascina.

– Você deveria ligar para Kaz – disse um amigo quando mencionei esse fascínio. – Ele sabe tudo sobre círculos.

– Ficarei feliz em falar com você – disse Kaz quando lhe telefonei. – Passe aqui.

Por que às vezes adiamos alguma coisa indefinidamente e outras vezes simplesmente a fazemos?

Quando Kaz e eu nos encontramos na porta de sua casa nada sabíamos um sobre o outro. Ele tinha cerca de 60 anos, era esbelto, com um rosto calmo mas intenso, e vestia uma túnica preta como a de um monge. Nas paredes de sua casa havia lindos círculos – traços impetuosos, audaciosos, impressos em uma tinta preta profunda e intensa.

Durante o chá eu soube que ele ensinava caligrafia havia 45 anos, escrevera muitos livros e era tradutor de textos budistas clássicos. Enquanto conversávamos, vi que ele era *maior do que aquilo* – um espírito muito especial.

Soube mais tarde que ele na verdade é um calígrafo conhecido mundialmente. Os círculos que desenha chamam-se *enso* na tradição budista japonesa. Um círculo zen, explicou Kaz, é uma expressão da iluminação – "uma experiência de completude". A cada vez que é desenhado com um pincel, ele é *único* para cada indivíduo, para cada momento.

Quando Suskai Roshi, um grande professor zen e um dos mestres de Kaz, estava à beira da morte, seus alunos se reuniram à sua volta e perguntaram: "Onde vamos nos encontrar em seguida?" Ele desenhou um círculo, fez uma reverência e morreu.

Durante os dois anos e meio seguintes fiquei sonhando acordada com círculos. Alimentei meus sonhos com um dos livros de Kaz – círculos e pinceladas que pareciam idéias frescas no papel. Então, durante uma de minhas fases de opressão – quando tenho a sensação de estar escrevendo com os nós dos dedos –, uma amiga sensitiva disse ter visto meu terceiro chacra – minha criatividade – do tamanho de uma noz bem pequena.

Na mesma época soube que Kaz estaria dando aula na tarde de domingo. Aquilo me libertaria, pensei, me ensinaria mais sobre círculos e talvez ajudasse a noz a crescer. Os alunos – éramos 20 – tinham cada um sua pequena mesa de jogo forrada com feltro, um pincel, um vidro de tinta e uma pilha de folhas de papel branco. Eu mal podia esperar para segurar o grosso pincel.

Imaginava-me desenhando círculos com grande abandono.

Quando Kaz começou a falar, descobri que eu me inscrevera em uma aula de caligrafia japonesa clássica. Deveríamos copiar pinceladas clássicas de uma página à nossa frente do modo mais preciso que conseguíssemos. Adeus, abandono selvagem!

– Acho que estou piorando – eu disse na metade da aula, mostrando a Kaz a pincelada que acabara de dar.

– *Como é possível piorar no começo?* – ele perguntou.

Ele fez a pergunta ao grupo e depois se aproximou da minha mesa.

– Deixe-me ajudá-la – disse.

Meu braço congelou quando ele colocou a mão sobre a minha e

tentei acompanhá-lo. Passei uma longa tarde tentando com afinco ser uma boa aluna. Felizmente, fizemos várias pausas. Quando eu estava indo embora, ele disse:

– Tenho um convite a lhe fazer.

O convite era para outra aula, um grupo pequeno e informal de caligrafia que se reunia na casa dele uma vez por mês.

– Você gostaria de vir?

– Ficaria honrada – eu disse.

Naquele momento eu não estava interessada em caligrafia; estava interessada em estar com Kaz, que, com seu modo tranqüilo, tinha uma presença que me lembrava M. C. Hoje adoro nosso pequeno grupo. E ainda sou provavelmente uma das alunas mais desajeitadas que ele jamais teve, embora em sua mente não haja lugar para comparações mesquinhas.

Fazemos caligrafia clássica, mas, depois de um período copiando fielmente os caracteres japoneses, dei a mim mesma permissão para fazer uma pausa e desenhar círculos com abandono.

– Será que eu poderia incluir algumas das suas pinceladas em *Sou bem maior do que isso?* – perguntei a Kaz.

– Não. Acho que você deveria fazê-las.

Eu estava prestes a dizer não quando me lembrei: "Devemos fazer aquilo que pensamos não poder fazer."

Ofereço aqui a pincelada inicial de uma iniciante.

UMA SEGUNDA CHANCE

Há três anos freqüento as aulas de alongamento de Nancy, por isso alguns dos rostos são conhecidos. Há um ano percebi uma mudança surpreendente em um dos freqüentadores assíduos. Quando o conheci, ele caminhava lentamente, hesitante, como se estivesse em transe, com o olhar distante. Era incapaz de falar ou de ir às aulas.

– O que aconteceu com Gene? – perguntei a Nancy.

Fiquei sabendo que ele sofrera um terrível derrame e perdera a maior parte de sua capacidade de "pensar". Um dos lados de seu corpo estava paralisado. Não se esperava que ele fosse viver muito.

À medida que os meses passavam, vi Gene melhorar. Embora seu caminhar ainda fosse hesitante, a mudança era notável.

– Gene, é maravilhoso vê-lo ficando mais forte – eu disse certo dia, achando que ele finalmente poderia entender o que eu estava falando.

– Sim – ele concordou com a voz trêmula.

Seis meses mais tarde, Gene voltou às aulas de Nancy. Depois da aula, ele se aproximou de mim e disse:

– Você sabia que eu quase morri? Todos os médicos pensavam que eu estaria morto três meses depois do meu derrame.

Ele ficara inconsciente no hospital por várias semanas e quando recobrou a consciência não conseguia entender o que lhe tinha acontecido. Mandaram-no para a reabilitação, onde uma fisioterapeuta iniciou o tratamento ensinando-o a escovar os dentes.

No começo, ela escovava os dentes dele, mas com o tempo Gene acabou reaprendendo a tarefa.

"Aos 48 anos, me ensinaram a escovar os dentes", ele disse. "E agora eu faço isso melhor do que antes." – Sorriu, triunfante. "Sou o Michael Jordan da escovação de dentes!"

Em seguida, ensinaram-no a pentear os cabelos e a vestir as calças. Quando a terapeuta apontou para as calças e perguntou o que eram, ele olhou para elas, intrigado. Realmente não sabia. A terapeuta ofereceu quatro possibilidades. Ele escolheu *sobrancelha.*

"Antes do derrame, minha mente brilhante estava indo rápido demais" – e esquecia-se dos detalhes. Agora ele era capaz de pensar em uma coisa de cada vez. Nenhum outro pensamento interferia com o que estivesse fazendo. "Agora minha mente está mais lenta do que antes." Com voz confiante, ele acrescentou: "Estou me treinando novamente – e hoje faço algumas coisas muito melhor do que fazia antes."

"Não há passado, não há preocupação com o futuro, há apenas o presente."

"Ganhei uma segunda chance!"

Em câmera lenta você chega mais rápido.

HOAGY CARMICHAEL

O ALUNO ENSINA AO PROFESSOR

O que aconteceria se eu mudasse minha rotina?

Nancy muitas vezes diz que só ficamos bons naquilo que praticamos. Nada muda se nunca fizermos nada diferente. Se não explorarmos o desconhecido, não encontraremos espaço *novo* – em nosso dia, em nossos corpos e em nossas vidas.

E se, em vez de começar o dia lendo cinco livros de espiritualidade, uma página de cada um, depois dar uma caminhada e em seguida ir ao Café Milano para escrever, eu começasse o meu dia trabalhando em casa durante três horas, das seis às nove?

Então, como uma criança que precisa de uma recompensa por abrir mão de seu brinquedo favorito – nesse caso, minha rotina conhecida –, eu iria a uma aula de aeróbica às quinze para as onze.

"Exercícios do coração!", chama-se a aula.

A aula é dada por uma instrutora incrível, cheia de vida, que me incentiva o tempo todo, mesmo quando eu vou para o lado errado. Na metade da aula, ela caiu.

"Não se preocupem", gritou, com lágrimas escorrendo pelo rosto. "Estarei bem em dez minutos."

Sentindo uma dor evidente, ela corajosamente continuou a nos *assegurar*. "Sou bailarina. Sei como superar essas coisas."

Eu tinha certeza de que ela conhecia o próprio corpo. Mas também podia ver que ela sofrera um choque – seu corpo agüentara um trauma. Várias mulheres se ofereceram para ajudar: uma mandou buscar gelo, outra quis ir em casa buscar uma faixa e outra sugeriu que ela pusesse toalhas molhadas no tornozelo. Sentei me ao seu lado, segurando sua mão e, com a voz muito gentil e encorajadora, incentivei-a: "Não tenha pressa de levantar."

"Quanto mais você permitir que seu corpo fique calmo e quanto mais lentos forem seus movimentos, mais poderá descansar – e mais rapidamente vai se curar." Eu disse aquilo com suavidade, inspirada pela grande clareza do que estava aprendendo.

"Ouça o que seu corpo está lhe dizendo."

"Você é médica?", alguém perguntou.

Eu estava dizendo a ela coisas que *sei*, mas que não faço para mim mesma.

Da próxima vez que algo acontecer comigo, eu *vou* escutar minha própria voz calma e ouvir meus próprios bons conselhos.

BOA APARÊNCIA

– Mostre-me como você se senta quando está trabalhando no computador – disse Ofer a uma nova cliente.

Ela fora vê-lo porque sentia dores fortíssimas nas costas, e nada do que fazia estava ajudando. Sua postura parecia bastante boa. Depois de observá-la durante algum tempo, ele sugeriu que ela tentasse outra coisa.

– Você poderia se sentar de maneira errada?

Ela resistiu. Orgulhosa de sua postura ereta, era-lhe difícil sequer imaginar outra maneira de sentar. Finalmente, começou a tentar novas posições. Reparou que quando afundava na cadeira, a dor em suas costas desaparecia. Quando se sentava ereta novamente, a dor voltava logo. Agora ela tinha escolha. Como não queria parecer curvada, escolheu sentar-se ereta novamente – com dor.

Pensar na coisa certa a ser feita muitas vezes bloqueia o caminho para fazê-la direito.

REDUZA O NÍVEL DE EXIGÊNCIA

Ofer me contou sobre um rico cliente seu que tinha dinheiro mais do que suficiente para comprar o carro que quisesse. Mas ele estava em conflito entre o que queria e o que iria se permitir. Era incapaz de conseguir comprar o carro mais bonito.

Depois da primeira sessão, Ofer deu um dever de casa a seu cliente. "Vá até a farmácia e olhe todas as escovas de dentes. Olhe todas elas. Depois escolha a que mais lhe agradar, a que *você* quiser, não importa qual o preço."

Ofer sabia que a diferença de preço entre escovas de dentes é pequena, e para a maioria das pessoas a tarefa de escolher seria relativamente fácil. Então o segredo-chave para a mudança daquele seu cliente era passar para um nível de tranqüilidade.

"Reduza o nível de exigência."

– Você acha que as pessoas podem mudar? – perguntei.

– Quando aprendemos que o processo de mudança não apenas *não* é difícil, mas pode ser fácil e prazeroso, a mudança ocorre com rapidez – ele respondeu.

"Quando a mudança se torna um processo alegre, o medo da mudança desaparece. E com ele, a maior parte das dificuldades."

PÉS DE TRÊS ANOS DE IDADE

Ofer nos fez executar um movimento simples durante a aula: mover os dedos dos pés devagar com as mãos – uma aula nada ameaçadora. Na metade da aula, ao segurar meu pé direito em direção ao peito, de repente lembrei-me de uma visita que fizera a um fisioterapeuta. Eu tinha ido vê-lo porque estava sentindo dores no pescoço – isso fora anos antes de começar a me alongar para aprender mais sobre meu espírito por meio do meu corpo. Depois de várias sessões, ele comentara:

"Sue, você tem pés de três anos de idade."

Não perguntei o que ele queria dizer com isso. Perguntei a mim mesma em silêncio: "Quanto tempo acha que terei que trabalhar com você até ter pés que correspondam à minha idade?" Eu *sentia* sua afirmação como uma espécie de profecia de maldição. Nunca mais voltei ao fisioterapeuta.

Depois da aula, perguntei a Ofer sobre meus pés de três anos de idade.

– O que isso quer dizer? – ele repetiu minha pergunta. – Parece que você pensou que era ruim ter pés de três anos de idade – ele continuou. – Eu os vejo como *maleáveis*. Acho que servem sua dona melhor do que pés de 50 anos.

Hoje, todos esses anos depois, estou começando a conhecer esses pés de três anos de idade e essa pessoa de três anos de idade que pertence aos pés.

E não tropeço mais tanto em meus pés quanto antes.

KICKBOXING

Ainda freqüento uma aula de aeróbica uma vez por semana, aos domingos. Não tenho certeza se é sensato ou estúpido ficar pulando para cima e para baixo em cima de um tendão-de-aquiles em recuperação e de um quadril que às vezes lateja. O professor muda a cada semana, e os alunos são uma "mistura heterogênea" de tamanhos, idades e formatos, mas somos todos tipos pouco atléticos que escolheram não se poupar nas manhãs de domingo.

– O que vocês fazem na aula habitualmente? – perguntou o novo instrutor, um rapaz jovem.

– É uma aula fácil – eu garanti. – Muito branda.

Enquanto eu falava, 12 amazonas muito altas entraram na sala, parecendo as irmãs mais novas de Arnold Schwarzenegger, irradiando saúde e boa forma.

– Esta é a aula de *kickboxing*? – perguntaram com grande entusiasmo.

– Sim – ele disse aliviado.

Naquele instante de "sim", quase dei um pulo.

No entanto, para minha surpresa, vi que meu corpo ainda estava no lugar quando ele ligou o som. Começamos com movimentos de pernas parecidos com os de um boxeador, depois mudamos para uma série com um dos punhos na frente do rosto.

– Não quero ver rostos, só punhos – disse o professor.

Depois vieram os socos. Ele logo nos fez começar com os *uppercuts*, golpes e esquivas, ganchos de direita e depois uma série de esquivas esquerda-direita-esquerda. Gostaria que meus filhos estivessem ali, imaginando como eles teriam achado engraçado ver sua mãe naquela situação enquanto fazíamos uma série complexa de chutes com a perna esquerda e socos com o punho esquerdo.

Estimulada pelo ritmo da música, percebi com surpresa que os golpes elaborados eram fáceis de seguir. Nem sequer caí, como geralmente acontece durante exercícios com parceiros. Recebemos um objeto que se parecia com uma enorme raquete de pingue-pongue com um revestimento macio no meio.

Encarei uma das amazonas, pensando que a única coisa que tínhamos em comum era a altura, e me ofereci para começar. Eu deveria primeiro fazer a combinação de chute que acabáramos de aprender, batendo com meu punho na sua raquete. Também precisava me lembrar dos elaborados movimentos com os pés.

Aquilo exigia *concentração.*

Fiquei entusiasmada quando meu punho encontrou e esbarrou suavemente na raquete. Eu não tinha certeza de quem ou do que imaginava estar socando, mas estava encantada com aquela maneira inesperada de colocar minha agressividade para fora.

Depois trocamos de posição, e fiquei segurando a raquete. Minha parceira deu seu golpe e acertou a raquete com uma tremenda força, deixando meus joelhos bambos.

Um nocaute, pensei.

– Você foi ótima – disse minha parceira amazona quando terminamos.

Será que aquilo fazia parte do meu ritmo natural?

Eu geralmente gostava de aulas que enfatizavam o *lento* e o *suave.* Agora pensava em Nancy, que nos lembra com freqüência: "Quanto mais aspectos de vocês mesmos conseguirem sentir, mais opções vocês têm e mais poder podem obter." Naquela manhã de domingo, meu corpo soube o que suas palavras queriam dizer. Senti uma nova identidade com as amazonas altas.

"**Eu escolho todas elas**", pensei rindo.

PARADOXO

Uma guerreira pode sair em busca da tranqüilidade?
Que suprimentos leva consigo em sua aventura?

Quando confidenciei a Mitzi como era delicioso pensar que eu podia mudar e ter mais calma e tranqüilidade em minha vida, ela disse com um sorriso inocente:

"Acho que você quer mais vibração!"

Aquelas duas idéias pareciam tão completamente opostas, que ri, percebendo que ela estava provavelmente certa. Depois que entendi que AMBOS eram verdadeiros – os alongamentos suaves e o *kickboxing*, a calma e a vibração – senti que tinha mais espaço, que estava ampliando a minha antiga concha.

Nunca vou me adaptar facilmente à calma, embora continue a ansiar por ela. O desafio e a luta fazem parte intensamente da minha natureza. A calma me entusiasma porque é um sentimento novo e terno. O que eu quero é *ambas.* Mais vibração e mais tranqüilidade. "Estar calma e vibrar meu coração."

TRILHANDO O HIMALAIA

"ESCOLHA UM PROGRAMA", ordenou a máquina de exercício em letras vermelhas que piscavam. Sorrindo, pensei que até às cinco e quarenta e cinco da manhã uma máquina me traz uma mensagem.

"É IMPORTANTE ESCOLHER ANTES DE COMEÇAR", ela afirma.

Eu tinha várias escolhas: *Passeio no parque, Subida constante, Descida do desfiladeiro* e *Trilhando o Himalaia.* Escolho *Passeio no parque* e percebo na máquina ao lado uma mulher pesada, que vi várias vezes, mas com quem nunca falei. Geralmente fico na minha, mas nessa manhã pergunto:

– Que programa você escolheu?

– *Trilhando o Himalaia* – disse ela sorrindo.

"Assim nada poderá me amedrontar pelo resto do dia."

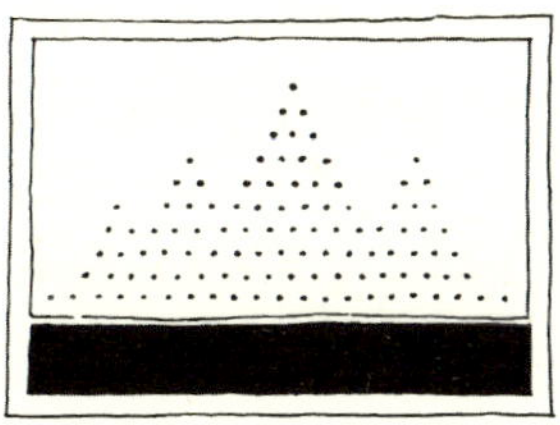

TRANQÜILAMENTE

"*A tranqüilidade é difícil,* Sue", disse Mitzi certo dia com um sorriso maroto.

"Quero dizer, é difícil de encontrar." Então, gentilmente, ela me provocou um pouco mais. "Será verdade que a tranqüilidade, como os milagres, só vem depois de um trabalho árduo?"

Não respondi. Mas confiei no meu desejo de desenvolver um novo comportamento.

"Aplaudo sua intenção", continuou Mitzi. "O ideal é que seu método de mudança aconteça da mesma maneira que o resultado que você procura – *tranqüilamente.*"

Mitzi tem razão. Quando estamos nos sentindo soterrados e presos em nossa luta, é difícil nos vermos com clareza – e mais difícil ainda ver nosso caminho. *"Ouça os sussurros"*, dissera Nancy. Talvez nossos primeiros passos pudessem ser delicados, pequenos e suaves como um sussurro.

Baseada em minha longa história de "especialista" em luta e esforço, posso dizer com segurança: a pressão para conseguir alguma coisa geralmente produz resultados opostos. Não precisamos ser especialistas para começarmos a nos mover suavemente em direção a novos comportamentos – e a nos ver de forma diferente.

Mover-se na direção certa – isso já é o sucesso.

A DATILOGRAFIA COMO PRÁTICA ESPIRITUAL

Sou péssima digitadora. Qualquer pessoa que tenha recebido uma carta minha concordará com isso. Embora eu digite palavras, elas nunca aparecem na ordem correta, e muitas vezes as letras não são as que quero digitar. Isso me obriga a passar um tempo enorme tentando decifrar o que acabei de escrever e lutando para descobrir o que eu posso ter querido dizer. Depois refaço o trabalho inúmeras vezes, até ficar legível.

Estou resignada com meu destino.

Mas ainda não assumo a responsabilidade. A razão dessa deficiência está *lá fora,* digo a mim mesma – um problema com o qual nasci. Coloco uma etiqueta nele: dislexia.

Há alguns anos, antes de os computadores chegarem para fazer uma parte do nosso trabalho, eu me ofereci para trabalhar como voluntária uma vez por semana para uma organização na qual acreditava. No primeiro dia, minha tarefa era datilografar uma pilha de cartas. Avisei que eu era péssima datilógrafa. Sugeri que me dessem outra tarefa – *qualquer uma.* Eles nem quiseram escutar.

Houve momentos naquele dia em que eu olhava para a página e pensava: "Está bem razoável." Eu daria como conceito *passável.* Mas a pessoa encarregada não concordou e me mandou fazer tudo de novo. Esse vaivém continuou o dia todo – até que finalmente consegui. Eu tinha passado um dia inteiro corrigindo e recorrigindo uma carta de uma página – uma lição importante de paciência e humildade.

Algumas vezes, mudar é uma questão de *intenção* e *concentração.*

A nova maneira com que Gene está presente me inspirou. Depois de anos aceitando o fato de ser péssima digitadora, e colocando a culpa em minha dislexia, comecei a experimentar. Se fosse mais devagar, se me concentrasse mais em cada palavra que estava digitando, será que cometeria menos erros?

Adotei a datilografia como uma *prática consciente.*

Será que alguma coisa mudaria?

Ao diminuir o ritmo, ao prestar mais atenção, comecei a ver aparecerem na página palavras digitadas corretamente. Uma pequena lição de como alongar – uma *grande* vitória!

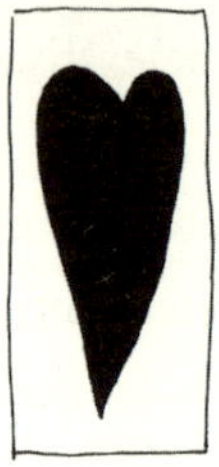

BARATA URBANA

Há 15 anos, quando estava escrevendo *Plain and Simple*, descrevi a mim mesma como uma *barata urbana.* A imagem retratava bem minha agitação constante, meu bater de asas, tentando freneticamente fazer todas as coisas da minha lista de afazeres completamente irrealista.

Descontente com a imagem, meu editor não parou de riscar todas as minhas baratas urbanas. Eu insisti o quanto pude para mantê-las no texto, mas foi em vão.

Aquela imagem permaneceu viva até recentemente, quando ajudei Loie a limpar o apartamento da mãe. Sua mãe estava se mudando para um asilo de idosos, e um grupo de amigos uniu-se para cumprir aquela tarefa triste, mas necessária. Quando terminamos, Loie, meu modelo e minha inspiração como pessoa presente e equilibrada, comentou o quanto eu conseguira fazer simplesmente por ter concentrado minha atenção.

"Você se move de maneira deliberada."

Algumas vezes ficamos congelados em nossas imagens antigas que descrevem como éramos. E nos esquecemos das mudanças que fizemos.

Eu não me sinto mais uma barata urbana constantemente agitada.

Tomar consciência de que me movimento de modo rápido e deliberado *é* um progresso.

CONHECENDO A NÓS MESMOS

Muitas vezes o caminho para a frente passa por um desvio.

SUSAN ROTHENBURG, ARTISTA

A mudança não se move em linha reta – embora várias vezes eu gostaria que fosse assim. Eu me movo para a frente, resisto e regrido e então algumas vezes dou o que parece ser um passo decisivo. O caminho do meu aprendizado continua sendo em ziguezague.

O que nos impede de conhecer a nós mesmos?

Volta e meia eu converso com minhas amigas sobre esse assunto.

– Muitas vezes eu nem sei o *que* sei – disse-me uma amiga – e outras vezes, ao não dizer o que sei, corro o risco de esquecer o que sei.

– Duvidar de mim mesma é uma tendência profundamente arraigada em mim – acrescentou outra amiga. – É como remover camadas de tinta de uma velha porta de madeira. Mesmo quando o trabalho é muito bem-feito, ainda ficam restos de tinta em alguns lugares. Será possível realmente remover tudo?

Nesse momento ela está se sentindo especialmente segura, e a dúvida diminuiu, mas ela ainda tem o hábito de duvidar de si mesma, só porque duvidar é uma sensação com a qual ela está familiarizada. É como olhar para o lugar na parede onde o relógio costumava ficar, mesmo que ele não esteja mais ali.

– Nestes últimos anos, sinto que preciso *ser tão grande quanto sou* – confidenciou outra amiga. – É isso que quero – ela disse com voz triunfante. Mas tive medo de que as pessoas vissem quem eu *realmente* sou, porque achei que elas ficariam com raiva de mim.

Contei-lhe que quando era pequena e minha mãe gritava comigo – o que não era freqüente – sua presença parecia ameaçadora e feroz. Eu ficava com medo e me sentia esmagada por sua fúria.

– Você encara isso com tanta *facilidade* – ela exclamou, como se minha reação fosse uma coisa negativa.

Depender da idéia que alguém tem de nós para saber quem somos nos torna *menores do quê.* Se não pudermos dizer o que sabemos – sem temer as conseqüências – ficamos diminuídos. Podemos esconder nossa grandeza e nossos talentos por medo de críticas e de inveja.

– Sim – concordou minha amiga. – Se eu não dependesse tanto das atitudes da minha mãe, se estivesse consciente da minha própria grandeza, isso seria perigoso. – Depois, ela acrescentou sorrindo: – Mas eu tive uma tia que me deu um lindo presente, que até hoje carrego dentro do coração:

Ela viu a pessoa que eu sou – dentro da pessoa que eu era.

Quando nos permitimos ser mais do que realmente somos, assumimos um risco.

A forma e as maneiras de correr riscos podem ser diferentes, mas *riscos são riscos.*

RÓTULOS

Mesmo antes de ir morar com os *amish,* há mais de 20 anos, eu odiava, realmente odiava ir a um jantar ou a uma reunião e ouvir a pergunta:

"E o que é que você faz?"

Eu sabia que seria julgada, qualquer que fosse minha resposta.

Meu estômago se contraía – uma reação visceral forte e imediata. Junto com a pergunta vinha uma hierarquia de rótulos, dando pontos e fazendo comparações do tipo "isso é melhor do que aquilo". Uma amiga me disse:

"Cuidado com o que você coloca depois de 'EU SOU'... porque você é."

Mesmo hoje, quando tenho realizações a declarar, sucessos a relatar, detesto a pergunta. Não tenho qualquer dificuldade em contar isso para vocês, mas acho meio difícil contar-lhes que uma parte minha ainda deseja aprovação. Sei que é natural. Mas com determinadas pessoas e em determinadas situações meu bem-estar, minha noção de quem sou fica ameaçada se não consigo um rótulo de aprovação. Volto a ser uma garotinha carente, aflita, tentando a duras penas corresponder às expectativas do meu pai.

Talvez a história de Pamela tenha me tocado tão profundamente por ter sido um lembrete – um antídoto contra rótulos. Cada um de nós tem algo a dar, e é importante confiar e valorizar este algo – seja qual for.

A CARTA DE PAMELA

Eu vinha progredindo lentamente, esperando com paciência pelo momento certo de escrever para Pamela, a mulher que dissera: "Não sou uma artista. Não tenho talento." Certa manhã bem cedo, enquanto lia na cama, me deparei com as palavras da Madre Teresa descrevendo seu trabalho com os leprosos na Índia:

A solidão e a sensação de ser indesejado são a mais terrível pobreza. Não deixaremos que qualquer pessoa passe fome se virmos sua dignidade.

Pamela vê a dignidade de seus amigos sem-teto. Sua *arte* é o cuidado.

Como é importante para cada um de nós ver sua própria dignidade – seu próprio valor. Quando fazemos isso, fica muito mais fácil ver a dignidade e o valor dos outros.

As palavras de Madre Teresa me deram o empurrão que faltava. Escrevi para Pamela perguntando o que ela lembrava de nossas conversas, nervosa com o que ela poderia responder. Nosso breve encontro significara muito para mim. Será que tinha significado o mesmo para ela?

Pamela escreveu:

"Quando nos encontramos naquela noite no YWCA, falando sobre talento e pessoas que eram artistas, eu estava me lembrando de uma reunião que tive com amigos há muito tempo. Estávamos reunidos, procurando descrever nossos talentos. Um sabia tocar piano, outro, cantar, outro era um escritor incrível, outro sabia tocar violino, e uma amiga sabia costurar lindamente.

Quando chegou a minha vez, pensei comigo mesma: 'Eu não posso nem pensar em me comparar com eles.' Meus amigos ficaram esperando eu dizer alguma coisa. Finalmente, um deles falou: 'A verdade, Pamela, é que você simplesmente não tem nenhum talento.'

'É verdade', acabei concordando. E simplesmente toquei a vida achando que não tinha talento. Então, quando você disse: 'Pamela, você é uma artista', suas palavras me tocaram bem lá no fundo. Pensei comigo mesma: 'O que ela quer dizer com isso, que eu sou uma artista?' Porque minha concepção de artista era muito mais limitada do que a sua.

Depois, pensei: 'Há maneiras diferentes de ser artista, e Sue acaba de me fazer um dos maiores elogios que alguém jamais me fez.' Algum tempo depois da nossa conversa, eu estava em uma galeria de arte no meio de pessoas que conversavam sobre artistas, e eu sorri discretamente para mim mesma, pensando: 'A arte pode ser interpretada de tantas maneiras diferentes.'"

"Estou fazendo o que fui criada para fazer", disse Pamela.

"O que fazemos com nossas vidas nos torna artistas."

INDO MAIS LONGE

CANÇÃO DO CORAÇÃO

O que é que meu coração sabe?

Meu coração sabe o que é DEMAIS.

Meu coração sabe isso de verdade. E embora com freqüência eu não seja capaz de traduzi-lo em palavras, e muitas vezes não escute, meu coração é o guia mais sábio e mais consistente que me conduz. Quando estou muito desesperada (se pelo menos eu não precisasse chegar a esse ponto), meu coração é meu melhor professor.

"BASTA", ele grita.

Quando meu coração dói demais, quando está prestes a estourar, então eu finalmente escuto.

MANCANDO

Continuo sendo muito bem-sucedida em *não* mudar alguns dos meus hábitos.

Depois de cair e bater com a cabeça no chão, tentei o quanto pude ignorar o incidente e prosseguir com minha rotina movida por pura força de vontade. Reconhecer que eu era vulnerável, ficar quieta e permitir que o processo de cura se realizasse era difícil demais, era querer alongar demais, ir longe demais.

Uma amiga veio ver como eu estava me sentindo e, muito entusiasmada, deu-me uma fita do poeta David Whyte. Eu estava exausta, mas depois que ela foi embora resolvi escutar a fita. Ele contava uma aventura dos seus 20 anos, quando era forte e vivia uma vida ousada, aventureira, com "um intenso sentimento de invulnerabilidade".

Quando fazia uma caminhada pelo Himalaia, o poeta chegou a uma ponte sobre um enorme vão; um dos cabos que seguravam a ponte se rompera, deixando imensas brechas na passagem estreita. Ele ficou ali parado, com medo de continuar, desejando que a ponte se consertasse espontaneamente, quando dele se aproximou uma velha senhora com um grande saco nas costas.

"Namaste", disse ela, cumprimentando-o com um gesto da cabeça.

Em sânscrito, namaste significa:

"O espírito em mim vê o espírito em você."

No entanto, antes que ele pudesse levantar a cabeça para retribuir o cumprimento, ela atravessou a ponte.

Com aquele adorável cumprimento na cabeça, adormeci. Não sei por quanto tempo dormi, mas o que escutei em seguida foi White dizendo:

"Tenha orgulho de mancar."

Senti arrepios. Não voltei a ouvir a fita e nunca descobri o que finalmente acontecera na ponte. Mas isso não tinha importância porque, de algum modo, para mim a história não precisava fazer sentido. O que eu sentia estava *além* da lógica – meus olhos viam algo *mais profundo do que aquilo.*

Eu vinha sendo uma guerreira manca, que negava o fato de ser manca.

Durante toda a minha vida tive medo de ser vulnerável. Era isso que me tornava manca. E eu tinha feito o possível para me proteger desse sentimento. Quando consegui aceitar minha vulnerabilidade como apenas mais uma parte de mim, aquilo que eu mais temia tornou-se uma força.

REENQUADRANDO

Confidenciei a uma amiga minha nova relação com o fato de mancar.

– Você seria capaz de dizer a mesma coisa sobre sua necessidade permanente de lutar? – ela perguntou.

– Lutar é o meu talento – protestei.

Minha resistência não a desanimou.

– Você seria capaz de dizer: "Tenho energia para lutar dentro de mim, mas essa energia não sou eu. Eu não sou a luta"?

Aquilo eu entendia.

Ao fazer essa distinção, posso liberar um pouco dessa energia de luta que existe em mim. Procuro me lembrar constantemente: tenho energia para lutar dentro de mim. Mas essa energia não sou eu.

Eu *não* sou a luta.

MEIAS VERMELHAS

Nancy estava de férias por várias semanas. Uma amiga sua, Estrela da Manhã, começou a aula dizendo: "Corpos flexíveis criam mentes flexíveis."

Depois continuou:

"Esqueçam seus compromissos. Libertem-se de seus padrões – entrem em contato com a suavidade que existe por baixo da **sua rigidez.**"

Relaxei imediatamente.

A queda em que bati a cabeça e o quadril latejante haviam se tornado **um drama.** Agora ela estava sugerindo que alongássemos os lugares que estivessem machucados ou enrijecidos. "Vão até lá e explorem. Descubram do que seu corpo gosta."

Certo dia, depois da aula, perguntei se ela tinha alguma sugestão para meu quadril latejante. Estrela da Manhã disse que o examinaria com prazer, acrescentando:

"Vejo com os olhos fechados."

"Não há quase nenhuma energia em seu quadril esquerdo", ela anunciou. Ela via meu quadril como uma espiral partida indo para trás, com a energia movendo-se na direção errada. "O resultado são marcas de estresse energéticas." Não entendi o que ela falou, e quando estava prestes a encerrar a conversa e descartar suas palavras como um monte de bobagens, ela acrescentou:

"Energeticamente, você está *manca!*"

"Energeticamente, você vem mancando há bastante tempo."

Eu não tinha dito nada sobre minha "teoria manca da força". Em seguida, Estrela da Manhã perguntou se podia fazer alguns ajustes suaves nas minhas pernas e em torno dos quadris. "Pode", aceitei, sentindo-me agradecida e aberta para o que ela pudesse fazer e ver.

Meu quadril parou de latejar depois que ela trabalhou nele. "Não volte a usar seus sapatos velhos", aconselhou. "Se ficar com sapatos velhos, vai voltar aos velhos hábitos."

A expressão em meu rosto deve ter-lhe mostrado que eu não ia sair correndo para comprar sapatos novos. "Até mesmo meias novas ajudariam", ela sugeriu.

"**Meias vermelhas!**", exclamei na hora.

No dia seguinte, fui à loja Macy's e procurei as meias vermelhas mais vermelhas que pude encontrar. Desde então, venho usando-as. "Aprender um novo hábito leva vinte e um dias", disse Estrela da Manhã, recomendando que eu fizesse pequenas mudanças – trocar a prataria de lugar, mover quadros e livros – , qualquer coisa que lembrasse a mim e a meu corpo que eu estava passando por um processo de criação de novos padrões. Enquanto nos despedíamos, ela sorriu e disse:

"Nossos corpos não respondem bem a ultimatos."

Ri quando ouvi isso. Não é apenas engraçado; é verdade.

Depois de várias semanas, meu quadril voltou a latejar, mas nunca com tanta intensidade quanto antes. Quando meu quadril resolve criar um pouco de drama, pergunto a mim mesma:

"O que meu quadril está tentando me dizer? Do que meu espírito precisa?"

TALISMÃ

– Eu *quero* superar minha necessidade de estar sempre lutando – eu disse a Rachel.

– As pessoas que escrevem procuram inspiração de vários modos – disse ela. – Podem vestir um determinado suéter, usar a mesma caneta, escrever no mesmo horário e no mesmo lugar todos os dias. Ou então mantêm um pé-de-coelho por perto.

Depois, com uma piscadela deliciosa, Rachel disse apontando para mim:

– Sabe qual é seu pé-de-coelho? É sua luta!

Na época, concordei com o diagnóstico. Mas hoje tenho outras escolhas. Posso escolher outro pé-de-coelho – meias vermelhas, por exemplo.

LIBERDADE

Muito satisfeita comigo mesma, contei a M. C. que eu tinha descoberto uma velha crença arraigada em mim: a de que eu precisava lutar e sofrer para poder realizar bons trabalhos e boas ações.

Sua resposta me surpreendeu. "Mesmo que você pense estar sendo *chamada* para fazer alguma coisa – e mesmo que os objetivos pelos quais está lutando sejam valiosos –, isso vai contra aquilo que você busca: aliviar-se do esforço."

Muitas pessoas que considero sábias me disseram que eu não *sou obrigada a* fazer nada – e não *tenho* que provar nada. E apesar de elas estarem dizendo isso para mim, sei que se referem a "todos nós".

No entanto, todas as vezes que ouço essas palavras, resisto.

Não sei ao certo por que motivo me sinto ameaçada, mas a idéia de que estou bem do jeito que sou vai contra uma crença fundamental – a de que preciso me esforçar o tempo todo para melhorar. E por mais sábia que seja a pessoa que estiver falando, posso sentir em meu corpo que não estou querendo alongar – ultrapassar meu limite. Não quero me abrir e absorver a mensagem.

"Dê a si mesma a liberdade de ficar desapontada", continuou M. C., "e dê aos outros a liberdade de não se interessarem pelo que você está fazendo."

"Dê-lhes a liberdade de não a amarem."

"Como sou abençoada por tê-la como amiga", eu disse a M. C., "mesmo que não esteja pronta para dar esse passo." Ela respondeu: "Dê-se a liberdade para criar sua relação com você mesma, em vez de tentar ser uma coisa que não é ou procurar corresponder a uma auto-imagem antiga."

"Dê a si mesma a tranqüilidade para ser quem é em todas as oitavas, não apenas nas notas mais altas – em toda a escala de você mesma!"

ALGUM DIA

Ouvi um repórter no rádio descrever uma conversa que tivera com uma menina de sete anos, que vestia um casaco de moletom com o retrato da jogadora de futebol Mia Hamm estampado.

– Você é Mia Hamm? – ele perguntou. A menina pareceu confusa.

– Pode dizer a ele – falou a mãe, incentivando a filha.

– Um dia vou ser – ela respondeu.

MENOS É MAIS

"Os lugares explicam as pessoas", disse uma amiga ao me ver em casa.

Ultimamente, tenho desejado colocar ordem do lado de dentro e do lado de fora, como um meio para atingir a tranqüilidade.

Durante 30 anos vivi com minha família em uma grande casa de estilo espanhol em Berkeley Hills. Quando compramos a casa, Richard e eu decidimos fazer nosso quarto no andar de baixo, perto da sala de estar. Era um quarto adorável, com vista para as árvores, um pedacinho da Golden Gate e de São Francisco ao longe. Originalmente, o cômodo tinha sido uma garagem.

Nele havia apenas um armário pequeno e estreito.

Durante 28 anos contentei-me em procurar minhas blusas brancas e calças pretas naquele único armário abarrotado. No escuro, todas as roupas se pareciam. Colocar outro armário em nosso quarto teria significado tirar uma estante repleta de livros que ia do chão ao teto e diminuir o espaço. Eu ficava esbarrando em uma parede invisível, sem vislumbrar qualquer solução criativa.

Durante os últimos três anos, uma amiga vinha me dizendo: "Sue, você e Val deveriam se encontrar. Tenho certeza de que iriam gostar muito uma da outra." Val e eu nos encontramos por acaso, na frente da minha casa, quando eu me despedia de nossa amiga em comum. Ela veio me visitar na semana seguinte.

Falei com Val sobre o impasse do armário.

"Se quiser, posso dar uma olhada e fazer algumas sugestões", ela ofereceu.

Durante meia hora examinou o quarto, achando com o maior otimismo que alguma coisa poderia ser feita facilmente. Meu humor foi mudando drasticamente, como se tivesse recebido uma transfusão de sua energia ilimitada e criativa.

Na visita seguinte, Val trouxe um pequeno caderno de anotações preto. "Será que eu poderia dar uma olhada na casa? Posso espiar seus armários?", perguntou. Tirou algumas medidas e, uma hora depois, sugeriu: "O que você acharia de suas roupas ficarem no armário da sala de estar?"

"Da sala de estar?"

O armário da sala de estar não era muito grande e já estava lotado com os casacos de Richard, algumas das minhas roupas, os brinquedos dos meus filhos, capas de chuva, discos, livros – uma confusão. Eu seria capaz de aceitar a idéia de ter um armário de roupas fora do quarto de dormir? "E como se sentiria dando a Richard seu armário do quarto de dormir?"

Eu não queria abrir mão de nada.

Nada muda se nunca fizermos nada diferente, lembrei a mim mesma, e então disse "sim" para ambas as sugestões.

Em sua visita seguinte, Val chegou com um punhado de cabides brancos, do tipo que se compra no supermercado – uma dúzia por um dólar. Depois veio a parte mais difícil. Tudo o que eu possuía precisava caber naquele armário da sala de estar. E eu tinha necessidade de ver cada coisa.

Val era uma orientadora severa. Pelos padrões da maioria das pessoas, tenho poucas roupas e não me importo de usá-las vezes sem conta, ano após ano. Mas ainda assim o pequeno armário da sala de estar ficaria abarrotado se eu pusesse todas as roupas ali.

Quando consegui pensar na instituição beneficente para a qual daria objetos e roupas supérfluas, tudo se tornou mais fácil.

Vi meu objetivo.

Tinha uma intenção clara.

Pintamos o armário de madeira escura com o mais branco dos brancos do chão até o teto. Depois Richard colocou uma iluminação maravilhosa que acendia automaticamente quando a porta do armário se abria.

Quando terminamos, Val mostrou-me como alinhar todas as calças e saias pretas, cada uma em seu próprio cabide, com todos os cabides apontando na mesma direção, e como fazer o mesmo com as blusas brancas. Quando olhei, havia espaço suficiente entre cada cabide para ver cada peça de roupa!

Fiquei ali parada, pasma. A sensação ia muito *além* da ORDEM.

Senti como se tivesse acabado de entrar em uma sala de meditação zen com seu silêncio profundo. "Como diminuímos nosso barulho interior?", perguntara Nancy. Agora eu tinha uma resposta.

Cada vez que abria o armário, sentia a abundância de tudo aquilo que possuía.

"O minimalismo não tem nada a ver com estilo de vida", disse John Pawson, um conhecido arquiteto. "Tem a ver com sentimento. Se ter apenas um banco de madeira em sua sala de estar fizer você se sentir em paz, você atingiu seu objetivo."

Elegância é recusa.

DIANA VREELAND, EX-EDITORA DA REVISTA *VOGUE*

TROFÉU

Enquanto transformava o armário, descobri um antigo troféu. Eu me esquecera completamente dele. Somente quando o segurei nas mãos e li a inscrição "Melhor Personalidade" é que lembrei. Três anos depois da minha grande tristeza por não ter recebido aquele prêmio na colônia de férias, eu ganhara o troféu sem sequer me empenhar.

Lembro-me claramente de minhas decepções. Elas estão marcadas em meu corpo e em minha psique. Lembro-me com mais dificuldade de minhas vitórias. Minha intenção agora é dar aos meus sucessos tanta atenção quanto dou às minhas decepções.

Aceitar o sucesso também pode ser um alongamento.

UM CASO DE AMOR COM O BARRO

A arte prepara a alma para a ternura.

ANTON CHEKHOV

Há 40 anos tenho um caso de amor com o barro.

Tudo começou quando eu estava grávida de sete meses de meu primeiro filho, Michael. Parei de dar aula no segundo grau de New Rochelle e, pela primeira vez no que me parecia uma eternidade, não tinha nada fixo para fazer. Não precisava ser produtiva.

Eu estava gerando um filho. Aquilo bastava.

Eu podia me permitir um lazer. Inscrevi-me então em uma aula de cerâmica para iniciantes – fabricação de objetos feitos à mão – sem a mínima idéia do que estava procurando ou do que queria fazer com o barro. Fiquei encantada desde os primeiros momentos.

Adjetivos como macio, tenro, brilhante e humano me vêm à mente. Podem acrescentar à lista amistoso, maleável e elástico.

Barro tem tudo a ver com *relacionamento.*

O barro é um professor maravilhoso – ele me faz prestar atenção. Ao criar uma peça, sou um dos elementos da criação, mas apenas um. Minha forte necessidade de controle é obrigada a ficar em segundo plano. Se não respeitamos os limites do barro, ele pode ficar exausto por ter sido trabalhado demais e começar a cair, rachar ou desabar – muito parecido com o que acontece conosco, seres humanos.

Se não entro em harmonia com o barro, começo a trabalhar contra ele. Se me distraio, se ignoro o que está acontecendo naquele momento (Será que o barro precisa de mais água? Será que está molhado demais?), a peça na qual passei horas trabalhando pode se recusar a participar de nossa dança.

O barro, orgânico, vivo, vem do chão, e quando estou trabalhando com ele sinto-me centrada, com os pés no solo. O ruído em minha cabeça desaparece e sinto tranqüilidade – como se respirasse ar fresco.

Eu poderia ter aprendido a fazer formas retangulares e quadradas para combinar com os móveis da nossa casa. Em vez disso, escolhi formas redondas simples – tigelas e potes – e pequenas variações infinitas dessas formas e me sinto contente por ter trabalhado durante todos esses anos obedecendo a essa limitação.

Dois elementos coexistem, o duro e o macio, o desejo de controlar, de se sentir em segurança, e o desejo de se entregar ao que quer que esteja acontecendo com o barro – ou com a minha vida.

Quero que esses dois aspectos sustentem um ao outro, que *me* sustentem.

"Todas as vezes que tocamos a vida, nós a moldamos", disse M. C.

"Nós a moldamos com nosso calor e cuidado ou com nossa frieza e pressa, com nosso desejo de poder e dinheiro ou com nosso desejo do bem. O poder de curar e de ser curado está incorporado ao corpo, ao nosso corpo de barro."

Eu acrescentaria: o poder de curar e de ser curado vive dentro de nosso corpo.

E quando uma sensação no corpo é percebida, ela começa a viver.

TENTANDO CENTRAR-SE

Depois que Michael nasceu, continuei a ir à Greenwich House, minha única atividade "extracurricular" da semana. Durante meu segundo ano, quando ainda estava gostando de fazer coisas à mão, a professora perguntou: "Você não quer *progredir?* Não quer aprender a fazer um recipiente no torno?"

Finalmente me inscrevi na aula. E realmente tentei centrar um recipiente em um torno em movimento.

Mas nunca progredi.

Todos os outros alunos da turma conseguiram. Centrar um recipiente quer dizer encontrar um jeito de controlar a energia em movimento do pedaço de barro que foi colocado no centro do torno, para poder começar a moldá-lo na forma que se quiser. Eu não conseguia fazer isso.

No começo fiquei decepcionada, mas não arrasada. Mesmo assim, senti a necessidade de explicar para mim mesma por que não tinha progredido, e então levantei duas hipóteses:

HIPÓTESE UM: Qualquer que seja o objeto que se estiver tentando fazer, seja ele uma tigela, um pote ou um cilindro, é preciso estar centrado para poder encontrar o centro do barro. Eu não estava.

HIPÓTESE DOIS: Eu não queria trabalhar com o barro de um modo mecânico. Percebi que muitos alunos tinham como objetivo fazer uma peça de barro que parecesse perfeita – feita à máquina. Eu queria que meu trabalho parecesse e fosse feito à mão. Adorava tocar o barro no meu próprio ritmo, sem o torno.

Agora, 40 anos depois, estou pronta para alongar – e ver se consigo colocar um recipiente no torno.

Nunca é tarde demais para ficar pronta.

LUZ

Benditas sejam as rachaduras – pois elas deixarão entrar a luz.

Alguém me deu um pedaço de papel com essa citação depois de uma de minhas conferências, e pensei em Kevin, que encontrara pela primeira vez sete anos antes. Na primeira vez em que vi um recipiente rachado feito por ele, senti arrepios. Em seu estúdio, vi outros recipientes rachados que ele fizera – e não apenas encontrei beleza neles, mas também naquele homem de 50 anos que procurava ajudar as crianças a sentirem alegria trabalhando com barro.

Meses depois, Kevin me mostrou como colar meu próprio recipiente rachado. Quando segurei nas mãos minha tigela colada, soube que aquele seria um objeto que eu amaria – um símbolo do meu eu.

"Não são recipientes que estamos formando; somos nós mesmos", disse M. C.

Parada ali, absorvendo o poder e a beleza daquela tigela com todos os mesmos pedaços de antes, mas agora totalmente diferente, vi em cada célula do meu corpo:

Ser inteiro não significa ter que ser perfeito.

CENTRANDO

"Você me ajudou a plantar uma semente. Viu alguma coisa em mim."

Kevin disse isso quando entrei em seu novíssimo estúdio de cerâmicas. Aos 40 anos, eu ia ter minha primeira aula de como fazer um recipiente no torno.

– Se alguém pode me ensinar a centrar o barro no torno – eu disse a Kevin – esse alguém é você.

– Centrar tem a ver com mudança – foi sua primeira instrução. – Centrar tem a ver com movimento. Você só vai poder centrar o barro se fizer o torno girar e se conseguir mover o barro.

Kevin disse que, na verdade, não era capaz de me mostrar como fazer – a linguagem está no corpo.

– É cinestésico – ele disse.

Esta é uma daquelas palavras que ouvi freqüentemente, mas que nunca entendi direito.

– Cinestésico quer dizer que tudo está no seu corpo – ele continuou. – Você não pode aprender a centrar com sua mente. Não pode *tentar* estar centrada, não pode pensar "Preciso empurrar aqui". Simplesmente acontece. Você precisa ir encontrando aos poucos seu próprio jeito.

Algo está sendo *despertado* em mim, pensei.

Kevin não se importou que o barro balançasse um pouco no começo.

– Mesmo que não esteja centrado, pode funcionar – ele disse. – Você pode centrar durante o processo.

Senti que relaxava e ficava *maior do que* ao perceber que não precisava ter tudo planejado para poder começar – da mesma maneira que meu processo de escrita.

– *Não existe um jeito certo de fazer isso* – disse Kevin.

Um pensamento glorioso. Quando o ouvi, tive vontade de me inscrever nas aulas pelo resto da vida.

Como é reconfortante pensar que, se perdemos o rumo, podemos reencontrá-lo.

Não precisamos ficar centrados de uma vez só.

Podemos nos centrar durante o caminho.

À medida que ficamos mais velhos, a arte e a vida se tornam a mesma coisa.

GEORGES BRAQUE

– Chega de conversa – disse Kevin. – Ao trabalho!

Liguei o botão do torno elétrico. Nada aconteceu. Tentei mais algumas vezes. Kevin cutucou o botão e saiu testando várias tomadas.

– Perdi minha energia – ele disse finalmente. – Estouramos alguma coisa GRANDE!

– Talvez eu seja tão poderosa que causei um curto-circuito – brinquei.

"Ou será que isso acontece quando não somos donos da nossa energia?", perguntei a mim mesma, lembrando-me das palavras sábias de Nelson Mandela:

Nosso medo mais profundo não é de sermos inadequados.

Nosso medo mais profundo é de sermos desmesuradamente poderosos.

– Estouramos alguma coisa GRANDE! – repetiu Kevin sorrindo.

Finalmente, ele trouxe a energia de dentro de casa por meio de uma extensão cor de laranja muito comprida. Trabalhei o barro, tirei as bolhas de ar e formei com ele uma bola do tamanho de uma laranja grande, que coloquei o mais perto possível do meio do torno.

– Devagar – disse Kevin, quando coloquei as mãos no barro. – A maneira como você se senta, como coloca e tira as mãos do barro, cada movimento, tudo afeta o processo como um todo.

"Tudo faz diferença."

Adoro que me lembrem do poder que existe em ir devagar, mas ao tentar me concentrar com o torno girando e o barro balançando, ao tentar *fazer a coisa certa,* senti que perdia o controle – e me assustei. Talvez eu tivesse me sentido tentada a desistir sem a presença reconfortante de Kevin.

Apertando as mãos com a maior força possível, movendo-as de dentro para fora, fiz o que achava estar certo, mas, por mais que eu me esforçasse, o barro parecia sair cada vez mais do centro.

– Vá sentindo qual é seu jeito – repetiu Kevin. – Não lute, empurrando para cá ou para lá. *Relaxe* na força que está circulando. Consegue ver o que está acontecendo?

Conseguindo respirar com uma certa calma, e até relaxando um pouco, fiquei espantada ao ouvir Kevin dizer depois de uns 10 minutos:

– Está quase centrado.

Aquela boa notícia me distraiu.

Perdi a concentração e em poucos segundos soube que o barro estava novamente girando fora de controle.

– Você precisa estar presente – repetiu Kevin – não apenas fazer os movimentos fisicamente.

"Precisa estar *presente*."

"Você não está centrando apenas a parte externa do barro – está centrando o barro todo."

Ele pôs as mãos em cima das minhas, como Kaz tinha feito ao me mostrar o movimento de caligrafia, e dirigiu o movimento com suavidade, totalmente à vontade enquanto me ajudava a começar a sentir o que eu deveria sentir dentro do meu corpo.

"Veja se consegue se soltar e deixá-lo centrar-se."

"Muitas pessoas acreditam que é seu próprio *músculo* que está centrando o barro."

"Mas não é, o mais importante é como você se concentra – consciente daquilo que o barro precisa fazer."

Quando o barro ficou centrado o suficiente, mas não perfeito, comecei a abrir a forma e depois a puxar os lados para cima, sentindo uma grande ternura naquele processo um tanto difícil.

Para meu assombro, ali estava no torno a minha primeira tigela simples.

BEBER CUIDADO

Estrela da Manhã e eu começamos a nos encontrar para um papo rápido quando ela vinha à cidade. Falávamos sobre a vida e sobre histórias que nos inspiravam. Contei-lhe dos arrepios que senti quando Kyle, de quatro anos, disse: *"Sou maior do que isso!"*

Tínhamos combinado um encontro para tomar chá, mas quando soube que ela não estava se sentindo bem deixei-lhe um recado: "Cuide-se – o que quer que isso signifique."

"Vou tomar dois cuidados e vejo você na terça-feira", ela respondeu.

Eu devia estar particularmente desatenta, pois esqueci o recado que deixara. Por isso, quando nos encontramos, perguntei:

– O que você quis dizer com "tomar dois cuidados"?

– "Tomar dois cuidados" é uma expressão que significa "beber cuidado". Ser especialmente gentil e atenta com você mesma. Acho – ela acrescentou – que foi melhor do que aspirina. E funcionou. Hoje me sinto maravilhosa.

Estrela da Manhã acredita que beber cuidado é uma maneira de se tornar maior e melhor.

– A autocrítica provoca encolhimento – acrescentou. – Nós *aprendemos* a encolher; isso não faz parte de nós.

"Beber cuidado é uma experiência de expansão."

LIBERTAÇÃO

Nancy começou a aula pedindo que examinássemos qualquer parte do nosso corpo que estivesse nos causando desconforto – o pescoço, as costas, os ombros. Em vez de qualificar a sensação de dor, será que poderíamos vê-la como algo *maior do que isso* – uma parte de quem somos agora?

"Seu quadril está querendo mais ar", ela disse olhando para mim.

"Todos temos uma necessidade básica de mais ar em nossos corpos." Ela nos incentivou a direcionar o ar para dentro da parte que estivesse dolorida ou vulnerável – a criar mais espaço para nossa dor.

Ali deitada, finalmente percebi quanta energia eu preciso para acelerar a marcha e dar conta de tantas coisas. Tenho prática demais em tentar manter tudo sob controle.

"Seria possível *diminuir a marcha?*", perguntou-se Nancy

"Em geral nós nos apressamos, para depois poder relaxar. Em vez disso, comecem relaxados."

"Lidem com a suavidade", ela continuou.

Gostei daquela sensação, fechei os olhos e fiquei muito quieta.

"Você não precisa mais se esforçar tanto", eu disse ao meu quadril, deixando que ele relaxasse no chão.

Quando a aula terminou, eu não quis me mexer. Gostaria de poder ficar ali deitada para sempre, usufruindo uma sensação de profundo bem-estar. E meu quadril não doía. Ao relaxar, pude me alongar e liberar um pouco da energia que estava usando para manter tudo sob controle.

"Será que você conseguiria encontrar uma maneira de se libertar da sua luta?", Mitzi perguntou-me certa vez. "Uma libertação que seja agradável e não exija tanto esforço? Uma maneira mais suave de mudar?"

Pensando na palavra *libertação,* eu a vi transformar-se em *tranqüilidade.*

ESCOLHAS

Richard estava no Japão e me deixara incumbida de checar seu e-mail. Sentindo-me intimidada, sobrecarregada, um pouco ressentida por ter recebido uma tarefa na qual eu não era boa, e lutando para "acertar", vi uma mensagem na tela.

"Você está com pouca memória. Pode escolher fechar algumas janelas, tirar mensagens de suas caixas de ENTRADA, SAÍDA e LIXEIRA ou aumentar o tamanho da memória."

Então, duas possibilidades me eram oferecidas:

VIVER PERIGOSAMENTE	CAIR FORA

REALIDADE

– Sempre vou ter um metro e cinqüenta e oito – me disse uma amiga. – Nunca vou poder alcançar a prateleira mais alta da minha cozinha. Ou compro uma escada, ou não vou colocar nada lá em cima!

– E eu sempre vou ser uma batalhadora ansiosa – eu disse. – Faz parte da minha natureza. – Fiquei calada durante bastante tempo e acrescentei: – Devo ter vindo de uma longa linhagem de lutadores. Talvez eu sempre vá lutar – prossegui. – Mas quando aceitar a parte que não posso controlar, quando parar de "lutar contra a luta", terei escolhas. Quando aceitar meus limites, haverá um enorme rol de possibilidades que poderei explorar.

– Sim – ela concordou. – Você está trabalhando dentro dos limites dados por Deus.

BUM BUM

Quando anunciamos a nossos dois filhos, então com seis e sete anos, que íamos deixar Nova York, onde morávamos em um pequeno apartamento, e nos mudar para Berkeley, na Califórnia, prometemos: "Teremos uma casa com escadas e um cachorro."

Logo depois compramos Bum Bum, um *golden retriever* que todos passamos a amar. Anos depois, meus filhos foram para a faculdade, e Bum Bum, que era epiléptico, permaneceu em casa. Ele acabou ficando muito doente e teve que ser levado para uma longa estada no hospital. Ia de casa para o hospital e do hospital para casa, sem reagir aos remédios. Tinha 13 anos na época.

Finalmente, o veterinário sugeriu que o *puséssemos para dormir*, uma expressão estranha, eu penso, enquanto escrevo essas palavras familiares. Eu não sabia o que fazer. Fiquei tentada a aceitar. Por um lado, Bum Bum tivera uma vida plena, mas havia também motivos ditados pelo meu lado *sombrio.* Minha única motivação seria compaixão por Bum Bum? Ou as despesas, a longa estada no hospital e os prognósticos desanimadores também pesavam na minha decisão? Pior ainda, o que significaria ter que cuidar de um cachorro muito doente caso ele voltasse para casa? Eu não sabia. Queria ser o tipo de pessoa que gostaria de pensar que sou, mas fiquei bloqueada.

Visitávamos Bum Bum sempre, e eu ficava me perguntando o que meus filhos teriam decidido. Com todas aquelas questões pouco claras pairando sobre mim, eu não podia "pô-lo para dormir". Meu pensamento oscilava entre as duas alternativas. Nenhuma das decisões parecia adequada.

Quando o veterinário ligou para dizer que Bum Bum não conseguia comer, beber, nem tomar o remédio, fui visitá-lo. Ele estava deitado bem quietinho.

"Bum Bum", eu disse, "você tem que me dar um sinal. Não posso decidir sozinha. *Preciso* que você me diga do que seu *espírito precisa.*"

Eu nunca pensei que teria uma conversa assim com meu cachorro, mas naquele momento aquilo parecia perfeitamente natural.

Na manhã seguinte, o veterinário ligou para dizer que Bum Bum estava melhor e que podíamos levá-lo para casa. Deram-nos um caixote bem grande cheio de latas de uma alimentação apropriada. Bum Bum ainda estava muito fraco, mal conseguiu entrar no carro.

Em casa, ele ficou deitado em seu lugar favorito na cozinha. Não comeu. Não bebeu. Nem tomou o remédio. Quando o chamei para sair e passear comigo na rua, o que ele adorava, continuou ali deitado, cada vez mais fraco.

Enquanto eu olhava para ele, a bruma de indecisão se dissipou. Ele fizera sua escolha. A decisão agora era fácil. Telefonamos para o veterinário e pedimos que pusesse Bum Bum para dormir. "Uma boa escolha", ele disse.

A caminho da clínica, Richard e eu conversamos com Bum Bum relembrando todas as aventuras vividas juntos. Embora não houvesse qualquer reação, gostei de pensar que ele estava escutando. O veterinário sugeriu que fôssemos embora, porque havia muitos pacientes na nossa frente e a espera seria longa. Apesar de atemorizada com o que imaginava que seriam os últimos momentos de Bum Bum, decidimos ficar.

Quando finalmente chegou a hora da injeção, ele descansou a cabeça no meu colo. Não houve sons nem contorções horríveis. Em menos de um minuto Bum Bum estava morto.

Eu poderia contar a nossos filhos o que acontecera com o coração aberto e em paz.

Até então, *desapego* tinha sido apenas uma palavra. Agora era uma *experiência concreta.* Depois de muito tempo hesitando, sem confiar, fui capaz de abrir mão tanto do meu controle quanto da minha necessidade de encontrar a resposta *certa.*

A partir daí, quando estou particularmente dividida, deixo meus julgamentos de lado e faço essa pergunta, quer em relação a mim, quer em relação a outra pessoa.

Do que meu espírito precisa?
Do que seu espírito precisa?

CLOÉ

– Bum Bum foi um grande professor espiritual – eu disse a Laurie.

– Cloé, minha gata querida, está no fim, segundo meu veterinário – ela me contou. – Então estou bastante perturbada estes dias. Tenho que injetar água em sua pele com uma agulha! Isso exige mais coragem do que eu pensava ter. – Fez uma pausa e acrescentou:

– Coragem guiada exclusivamente pelo amor.

AULA DE *SPINNING*

Uma vez por semana, caminho bem cedo com uma amiga. Naquela manhã, chovia a cântaros. "Você é louca de querer caminhar com essa chuvarada!", disse minha parceira.

Durante semanas, eu vira as bicicletas ergométricas alinhadas na sala pela qual eu tinha que passar a caminho das minhas suaves aulas de alongamento.

Motivada por um grande desejo de me exercitar antes de me sentar para escrever, decidi ir até a academia e fazer a aula das seis. A aula se chama "Pedalando" ou "*Spinning*" – nunca tenho certeza qual dos dois.

Eu me tranqüilizei: "É só uma bicicleta. Por que não tentar?"

Oito pessoas já estavam pedalando quando cheguei. Eram esbeltas e musculosas como os ciclistas que passam por nós, simples seres humanos, com suas roupas justas e coloridas, voando, subindo as ladeiras íngremes do meu bairro.

Com o som bem alto, uma música agitada enchia a sala. O professor desceu de sua bicicleta para me ajudar a ajustar o selim. "Girem o botão para a direita até cinco", foi sua primeira instrução. Foi fácil achar o botão preto, mas precisei apertar os olhos, tentando encontrar a marca do cinco. Depois de procurar sem sucesso durante algum tempo, mas querendo acertar, levantei a mão.

– Não consigo ler os números.

– Não há números – ele disse. – Está tudo na sua cabeça.

Tudo na minha cabeça? Que diabos ele queria dizer com isso?

Enquanto lutava para seguir as instruções, ouvi: "Levantem-se na bicicleta."

Os outros se levantaram dos selins e ficaram em pé, pedalando rapidamente. Eu sequer era capaz de imaginar a coordenação ou a logística necessária para realizar aquele feito – outro momento decisivo em que fiquei tentada a desistir.

Será que o que me manteve ali foi um fascínio mórbido, uma determinação teimosa, ou simplesmente curiosidade?

No "levantem-se na bicicleta" seguinte, tentei imitá-los, mas rapidamente me recolhi para o relativo conforto e segurança do meu assento. Depois de algum tempo, entendi que girar o misterioso botão preto para a direita significava que o exercício ficava mais difícil. Para a esquerda, o que ainda não tínhamos sido instruídos a fazer, ficaria mais fácil. No oito, minhas rodas travaram.

"Resistência demais", disse o instrutor, mas achei ótimo aquele momento de descanso inesperado. Não durou muito, porque imediatamente fui instruída a girar o botão para a esquerda até os pedais se moverem de novo.

Em algum momento da aula, algo em mim se entregou.

Parei de tentar acompanhar os outros ou de me comparar com eles. *Comparar* não é uma palavra muito simpática. Mas a partir daquele momento descobri que, mesmo que nunca conseguisse me sentir confortável de pé, eu era capaz de me concentrar e me envolver em qualquer coisa que conseguisse fazer na bicicleta.

Entrega. Uma revelação maravilhosa.

ULTRAPASSAR A RESISTÊNCIA

– Imaginem que estão subindo uma ladeira muito íngreme – disse o professor durante minha segunda aula de *spinning.* Eu já estava ofegante e sem ar, por isso não foi difícil de imaginar. Em seguida, eu o ouvi dizer: – Ultrapassem sua resistência!

Ultrapassar a resistência é algo que eu consigo entender. Mas entender uma idéia é diferente de realmente ultrapassar a resistência do meu corpo. A liberdade de não ter que me comparar com os outros abriu espaço para que eu tentasse ficar de pé enquanto pedalava durante um ou dois minutos, mas logo uma onda de ansiedade me fez voltar ao selim.

– O que significa "ultrapassar sua resistência"? – perguntei quando a aula terminou.

– Tem a ver com o nível de esforço que você pensa estar fazendo – disse o professor. – Chama-se Taxa de Esforço Despendido, TED. Vai de zero a dez.

0 = ficar sentado em um sofá

10 = subir o Monte Everest

No zero, você está sentada em um sofá. No cinco, ainda está respirando normalmente e pode conversar, mas no dez fica quase totalmente sem ar – subindo o Monte Everest.

– Você precisa se monitorar – ele continuou.

– Existe um sistema em que você pode se comparar a outra pessoa? – perguntou uma aluna durante a aula.

A resposta do professor foi clara.

– NÃO. Isso seria competição. Seu ritmo cardíaco é seu melhor guia.

– Pedalar em grupo não é competir com os outros – ele acrescentou.

As pessoas que projetaram a máquina tiraram os números de propósito.

Uma lição importante: em nível mais profundo, ninguém pode

me dizer qual é a coisa certa a fazer para mim mesma. Aquilo que é fácil para meu professor e para muitos alunos da turma, será difícil para mim.

Duas escolhas, velocidade e resistência. Em alguns momentos, o professor nos pede para ir mais rápido; em outros, ele gira o botão preto – que não parece mais tão misterioso – até oito, que é um ritmo pesado, subindo uma colina imaginária.

Depois de um longo esforço de subida, nossa recompensa é um giro para a esquerda e uma descida rápida. A bicicleta pesada e estável não vai a lugar nenhum. Ainda assim, senti um arrepio de medo ao me lembrar de uma ocasião em que, temendo descer uma ladeira íngreme, mantive o pé no freio o tempo todo.

Eu me sentia mais segura me esforçando para subir.

– A descida testa seu destemor – disse o professor.

Não há nada de errado em me esforçar de vez em quando. Mas há uma linha tênue entre fazer o melhor possível e ir longe demais – a ponto de ficar doente.

– Confio em meus instintos quando estou pedalando – eu disse a Nancy. – Sem dúvida é um esforço além do comum, mas é realmente bom para o meu corpo e para o meu espírito.

– É uma ótima idéia – ela concordou. – Pedalar faz sua energia circular e tira as teias de aranha.

Nancy desenhou um grande círculo no ar em torno da minha cabeça e disse:

– Tira a agitação do seu pensamento, capta a energia que está circulando e canaliza-a para percorrer todo o seu sistema. Você está se alongando para alcançar todos os lugares de si mesma onde ainda não mora.

Tornei a pensar em minhas roupas pretas e brancas. Fazer apenas exercícios suaves ou apenas *spinning* seria limitador. Para mim, ter mais escolhas, mais freqüências, é agradável. Não preciso ser especialmente talentosa em nenhuma delas para sentir prazer.

Agora tenho vontade de ficar um pouco mais depois do término da aula.

Refresco o rosto com água fria e não sinto apenas alívio por ter vencido mais uma etapa, mas alegria por acolher essa nova experiência em meu corpo.

Dirigindo para o Café Milano, para começar a escrever às sete e quinze da manhã, penso na mulher do aparelho de ginástica que escolhera o programa Trilhando o Himalaia, enquanto eu tinha escolhido Passeio no Parque.

"Nada poderá me amedrontar pelo resto do dia."

CRIANDO ASAS

O que causa essas mudanças surpreendentes que abrem nosso coração e permitem que nossos espíritos voem?

INÍCIO DO JOGO

– Ofer, estou apavorada – anunciei.

Eu sentia o desânimo em cada célula do meu corpo. Meu quadril, que vivia doendo, se recuperara depois de eu tirar férias com Richard e de caminharmos durante horas pelas ruas planas da cidade. Cinco dias depois de eu chegar em casa, a dor voltou.

Seriam as férias? Seria o fato de eu ficar afastada das minhas listas de obrigações? Será que meu corpo simplesmente preferia andar a ficar sentado na frente do computador e escrevendo em cafés?

– Não posso passar a vida andando durante horas – eu disse a Ofer. – Preciso trabalhar. Sinto-me como se tivesse voltado para o início do jogo.

– Bem, você pode encarar as coisas dessa maneira – ele respondeu. – Mas lembre-se de que agora você se conhece melhor. Pode fazer mais coisas por si mesma do que podia antes.

"É impossível voltar para o início do jogo."

INDO COM CALMA

Um dos alongamentos da aula de Nancy me desafiava havia mais de três anos. Suas instruções eram claras: com movimentos lentos, colocar uma almofada paralela à parede, depois sentar na extremidade, deitar para trás e colocar as pernas para cima, encostadas na parede, usando os cotovelos para chegar mais perto.

Uma vez nessa posição, é preciso prender os tornozelos um no outro com uma longa tira, colocar uma viseira cheia de sementes de linho sobre os olhos e relaxar. Depois de algumas tentativas, a maioria das pessoas consegue.

Eu não.

Todas as vezes que preciso me preparar para o exercício, olho de um lado para o outro, na esperança de que algum vizinho me dê uma dica. Nancy geralmente me vê em apuros e vem me ajudar – ou então sou eu quem peço ajuda. Depois que consigo achar um jeito, essa posição *antigravidade* é muito relaxante.

Desta vez, enquanto eu me esforçava, Nancy sussurrou: "Talvez você nunca tenha se dado tempo suficiente para descobrir como fazer isso. *Vá com calma*, não importa o tempo que leve para conseguir – ou para não conseguir!"

Minha pele se cobriu de arrepios, que é meu indicador de intuição. Nancy deve ter visto uma luzinha de reconhecimento em meu rosto, porque perguntou: "O que acontece dentro de você quando tenta fazer o movimento? Ele lhe lembra alguma coisa?"

Com certeza. Dessa vez não se trata de uma lembrança enterrada no inconsciente, mas de uma experiência vívida. Quando eu tinha cinco anos, minha mãe, uma excelente atleta, me inscreveu numa aula de dança. Era fácil e divertido mexer meu corpo no ritmo da música – sem restrições. Fui tão bem, que, no ano seguinte, a professora sugeriu que eu passasse para uma turma avançada. Minha mãe concordou.

Eu agora estava em uma turma de balé para iniciantes.

Tenho a lembrança nítida de sete meninas indo todas na mesma direção – e eu na direção oposta. Eu tentava com um afinco especial, mas, como não sabia distinguir entre esquerda e direita, não conseguia entender o que estavam me pedindo para fazer. Não conseguia fazer aquilo que esperavam que eu fizesse. Senti-me arrasada e triste.

Entrei em pânico.

O que só tornou mais difícil entender as instruções da professora. Naquele momento, há 61 anos, congelei. Queria desesperadamente fazer parte do grupo e me senti desamparada – um fracasso total. Recusei-me a voltar para a aula.

"Você não tem que fazer parte de nada", disse Nancy suavemente quando lhe contei essa história. "É um preço alto demais."

"Hoje é um novo dia; você não precisa usar o ontem de novo." Estrela da Manhã dissera isso durante um de nossos encontros.

Enquanto andava para o carro depois da aula, pensei: "Tive uma vida cheia de ontens." Agora eu tinha outra escolha – e uma intenção clara. Eu descobriria uma hora em que a academia estivesse vazia e levaria o tempo que fosse necessário para ver se conseguia aos poucos fazer meu corpo entender as instruções.

Uma semana depois dessa conversa com Nancy, fui até a academia vazia e, sem que ninguém me ajudasse, instruísse ou observasse, pus meus pés na parede como se aquele problema jamais tivesse existido.

Um homem sábio nunca tem pressa.

ARISTÓTELES

PACIÊNCIA

"Tive três sessões com um terapeuta corporal", anunciou M. C., e me vi perguntando: "O que isso me proporcionou? Sejamos realistas! Algo está acontecendo?" Em seguida, fez uma pausa, pensou por alguns instantes e acrescentou: "Algumas coisas levam tempo. Algumas coisas só podem acontecer com o tempo."

"Elas simplesmente acontecem – *o tempo se encarrega de trazê-las.*"

Joseph, outro amigo sábio, me disse: "Durante os próximos dez minutos, Sue, você tem todo o tempo do mundo."

ESPANTO

Perto do final de uma aula com Ofer, durante um daqueles exercícios que considero particularmente difíceis de entender, ele deu uma instrução que fui capaz de seguir sem esforço ou dificuldade. Embora não devamos falar durante a aula, exclamei:

"Devo estar fazendo alguma coisa errada. Está tão fácil."

"Essa é boa, Sue. Registre isso."

BAGAGEM VIRTUOSA

Quando eu tinha 40 anos, voltei para a faculdade. Não me lembro de muita coisa que aprendi durante aqueles anos, mas no primeiro dia, na primeira aula, o professor nos disse:

"Eu viajo pela vida com uma mochila leve."

Aquela imagem me tocou na época e tem caminhado comigo durante todos estes anos. Para andar pela vida com uma mochila leve, preciso estabelecer minhas prioridades.

Não posso **escolher todas elas.**

Antes de viajar, passo muito tempo escolhendo e reduzindo o que vou levar a itens de absoluta necessidade. Fico satisfeita quando entro no avião para viagens de até três meses com apenas duas sacolas pretas macias, que insisto em levar comigo dentro do avião. Recentemente uma amiga me deu um pedaço de papel com uma citação:

Simplicidade é embarcar na jornada desta vida apenas com bagagem suficiente.

Richard acha graça do tempo que levo antes de viajar obcecada com minhas escolhas. Quero estar bem-arrumada em determinadas ocasiões, e há também todas as vitaminas, materiais de arte, livros, revistas e coisas extras que se acumulam na última hora. Todas as vezes sinto que estou sendo testada.

Tudo ficou um pouco mais fácil com a prática. Minha preocupação é o resultado final – sentir-me desobstruída e maravilhada por estar viajando com uma mochila leve.

Algumas vezes queremos algo e o seu oposto ao mesmo tempo.

Em junho passado, contente com minha bagagem leve, inesperadamente tive que ficar mais dois dias na cidade onde estava dando uma palestra. Uma loja com roupas pretas e brancas maravilhosas tornou-se uma tentação diabólica. Durante três anos eu procurara algo novo para comprar, sem sucesso. Agora estava diante de uma decisão de vida ou morte – dividida entre o orgulho e o desejo.

"Posso ser flexível", disse finalmente a mim mesma. "Meu verdadeiro desafio é saber quando ser espartana e quando ceder." No final, escolhi uma calça preta, uma saia preta e um par de sapatos – o que praticamente fazia minha bagagem *virtuosa* dobrar de tamanho.

Pensei um pouco mais sobre minha bagagem virtuosa. Não é apenas que eu goste de ser espartana. Ao levar menos coisas, estou criando espaço para novas possibilidades.

Deixar coisas de fora me dá a oportunidade de colocar novas coisas para dentro.

ERVAS DANINHAS

Certa vez, enquanto viajava, perguntei-me se conseguiria me livrar de outro hábito antigo e profundamente arraigado – colecionar milhares de pedaços de papel cheios de todo tipo de coisas que me chamaram a atenção e me tocaram. Então encontrei essa citação de Anthony de Mello:

Um jardineiro atormentado mandava uma carta atrás da outra para o departamento de agricultura, pedindo conselhos. A última resposta dizia o seguinte: "Não temos mais conselhos a lhe dar para livrar seu jardim das ervas daninhas. Assim, sugerimos que o senhor aprenda a amá-las."

Já que minhas pilhas de papel não desaparecem, será que posso aprender a amar minhas ervas daninhas?

BÊNÇÃO PENOSA

Lembrei novamente das *linhas tênues* que nos fazem ir para a frente.

Durante anos, recebi convites para me juntar a um grupo que se reúne uma vez por mês na casa de um amigo em São Francisco. Há um professor convidado e a seqüência é sempre a mesma – uma meditação curta, geralmente de meia hora, seguida por uma palestra e depois um debate.

Com medo de ficar presa no tráfego da hora do *rush* e de dirigir no escuro, participei poucas vezes.

Durante minha estada na casa de Alev, a cinco minutos de onde o grupo se reúne, tive o privilégio de poder ir a pé à reunião. Fiquei entusiasmada por ter tido a chance de ficar sentada ao lado do palestrante convidado, Ram Dass, um professor muito inspirado. No entanto, ele se atrasou e, passada meia hora, nossa anfitriã sugeriu que começássemos a meditação, pedindo que outra pessoa a guiasse. Se Ram Dass conseguisse chegar, simplesmente se juntaria a nós. Sabíamos que ele estava se recuperando de um sério derrame.

Primeira reação: decepção.

Distraída, presa a meu *desejo*, ouvi a instrutora sugerir que prestássemos atenção em nossa respiração, especialmente na expiração. Apesar de saber que a meditação me faz bem, resisti a ela. Meu quadril estava dolorido, e mesmo ficar sentada era difícil.

Estávamos reunidos em uma sala com uma luz maravilhosa, um espaço silencioso no meio da cidade. Nenhuma palavra, nenhum movimento. Aos poucos fui me integrando ao grupo e me tornando capaz de escutar minha respiração e de relaxar. Meu quadril até se acalmou. O silêncio foi se aprofundando cada vez mais.

Quinze minutos depois houve um pequeno ruído. Perguntei-me se Ram Dass tinha chegado e percebi que ainda estava presa à esperança de que fosse ele. De vez em quando, uma voz de homem dizia algumas palavras – principalmente sobre o silêncio. De quem seria aquela voz?

O silêncio na sala ficou mais profundo.

Naquele silêncio, alguma coisa mudou.

Comecei a perceber que, quem quer que fosse, as palavras daquele homem e a sensação de ser abraçada pelo silêncio criavam um brilho cálido e dourado que eu podia sentir até mesmo de olhos fechados. Meu desejo de que aquela fosse a voz de Ram Dass – aquilo que eu pensava desejar – desapareceu.

Nunca fiquei sentada em uma imobilidade tão profunda. Será que fazia diferença quem ou o que criara aquela atmosfera? *Todos* fazíamos parte daquela criação.

Um sino soou três vezes. Era o fim da meditação. Podíamos abrir os olhos e estar presentes na sala. Eu não queria me apressar para ver quem estava ao meu lado. Gostava de ser surpreendida. Quando finalmente levantei os olhos, ali estava Ram Dass. Em uma cadeira de rodas.

Ele falava muito devagar, por causa do derrame. Às vezes parava no meio de um raciocínio e fazia um intervalo. O intervalo não parecia abrupto; Ram levantava um pouco a cabeça para a esquerda, ficava muito quieto – e esperava. Esperava que as palavras viessem.

"O silêncio interior é o **eu**", ele disse. "O **eu** da alma."

"O silêncio é o método de chegar ao espírito."

– O que acontece no silêncio? – perguntou alguém.

– Procuro a palavra, e no resto do tempo deslizo no silêncio – ele disse, fazendo um movimento gracioso com o braço esquerdo, o braço que funcionava, como as crianças quando fingem fazer voar um avião de papel.

– Fiquei chocada quando soube que você sofrera um derrame – declarou outra pessoa. – Como isso pôde acontecer com *você?*

– De início tive a mesma reação – ele respondeu. – Quem está fazendo isso comigo? Eles sabem quem eu sou? Depois do derrame, ficava me perguntando: "Quem sou eu?" – Fez uma pausa. – *Fui atingido.*

– E isso colocou um marco em minha vida. Quem eu era antes? Quem sou agora? Esse derrame aconteceu com este corpo – ele disse, puxando a camisa. – Não aconteceu com o **eu**.

Contou-nos que o médico, que era diretor do hospital, entrara no seu quarto e dissera: "Nunca senti tanta paz quanto no seu quarto. Como você pode ter tido um derrame e estar em paz?"

"Você pode usar todos os seus instrumentos", falou-lhe Ram Dass. "Mas não vai *me* encontrar." Depois, continuou: "As coisas mudam, mas eu não sou uma coisa. Nada do que *eu sou* está mudando."

"Eu costumava jogar golfe, adorava dirigir, tocava violoncelo. Depois percebi que comparar este cara de agora com aquele cara ia me causar sofrimento. Se ainda estivesse apegado a tudo isso, teria dito: 'Sou uma pessoa que tocava violoncelo.'"

"Posso transformar o derrame na metáfora que quiser. *Vocês* sabem o que é um derrame?"

Seguiu-se a mais longa pausa da tarde. Cada um de nós na sala estava próximo de Ram Dass durante a pausa.

"É uma *bênção penosa.*"

DE CORAÇÃO PARA CORAÇÃO

Eu não tinha uma pergunta a fazer, mas sentia necessidade de me expressar:

– Você agora fala muito mais devagar do que da última vez em que o escutei – eu disse. – Agora sinto sua *presença* em cada palavra. Seu jeito mais lento, suas pausas, o fato de esperar pela palavra seguinte permitem que eu esteja *presente*. Sua *presença* deu um presente a cada um de nós.

– Quando tentamos dizer quem somos, as palavras podem atrapalhar – disse Ram. – Palavras não explicam aquele silêncio.

Houve um intervalo para o chá, e escolhi ficar ao lado dele, ansiosa para ouvir mais. Uma amiga virou-se para mim e sussurrou:

– Ele foi podado... como uma árvore.

– Estou tão contente que você tenha aceitado proferir uma palestra de meia hora – disse um homem.

Ram Dass olhou para ele:

– Sim. Vou dar uma palestra. Quero fazer isso.

– Você não tem que falar durante 30 minutos – exclamei. – Pode falar por cinco minutos. Ou sem palavras. Sua *presença* será suficiente. Mais do que suficiente.

– Sim – ele sorriu, apertando minha mão. – **O que sou.** Não as palavras. Não o que tenho a dizer. Esta é a lição da qual sou mensageiro para vocês.

Ele tornou a estender a mão, segurou a minha e disse:

– *Todos* nós temos bênçãos penosas em nossas vidas.

– Há alguma coisa que eu possa transmitir aos outros? – perguntei, profundamente emocionada.

– Não quero nada – ele disse, e em seguida, olhando para mim com grande carinho, acrescentou:

– Renascer de coração aberto – você e eu. Todos nós.

ARREPIOS DE NOVO

Lily Tomlin faz o papel de Trudy, uma sem-teto, em *A busca por sinais de vida inteligente no universo.* Trudy tem conversas com extraterrestres. Certa noite, Trudy e alguns de seus amigos extraterrestres foram ao teatro. Um deles puxou sua manga e sussurrou:

– Trudy, olhe – apontando para o próprio braço.

– É, são arrepios – responde Trudy ao alienígena. – Você certamente está arrepiado. Gosta mesmo tanto assim da peça?

– Não foi a peça que me deixou arrepiado – sussurrou o extraterrestre. – Foi a platéia.

Trudy se esquecera de dizer-lhes para prestar atenção na peça.

– Gosto de pensar neles ali no escuro, nos observando – diz Trudy ao público. – Às vezes fazemos algo e eles riem. Outras vezes, fazemos algo e eles choram.

– E talvez, um dia, façamos algo tão magnífico que todo mundo no universo ficará arrepiado.

PERMITINDO

Algumas vezes, a pura exaustão abre a porta para a mudança.

Eu acabara de voltar de uma série de palestras no Meio-Oeste. Geralmente volto para casa explodindo de energia, mas dessa vez estava profundamente cansada. Uma mensagem piscava em minha secretária eletrônica, era um convite para um workshop do qual eu sempre tinha querido participar. Era ministrado por duas senhoras sábias e sensíveis para um pequeno grupo de mulheres – todas "interessantes", eu supunha.

O mais sensato seria ficar em casa e descansar.

"Mas talvez eu possa aprender algo importante", pensei. Na véspera do workshop, ainda me sentindo um caco, fiz o esforço de ir à cidade para cortar os cabelos. Foi um progresso admitir para mim mesma que eu queria estar com uma boa aparência. Hoje em dia, não são muitas as pessoas ou situações que detonam essa antiga *fome de aceitação,* mas a necessidade ainda existe, sempre querendo vir à tona, e ali estava ela, com toda sua força.

Doze mulheres de fato "interessantes" se reuniram, e desde o primeiro momento as líderes criaram um reconfortante sentimento de comunidade. Pediram que cada uma falasse sobre si mesma durante 10 minutos em algum momento do fim de semana. Normalmente aquilo não me pareceria um pedido ameaçador, mas tive uma forte reação visceral.

Eu não queria abrir a boca.

Geralmente sou uma das primeiras a falar em um grupo. Além de minha *história* estar em minhas células, fico sempre tentando conhecer o meu eu de três anos de idade, a criança que aprendeu a divertir seu pai – a representar, a fazer o que eu pensava que se esperava de mim, em vez de fazer o que eu queria.

Mesmo que esse hábito tenha começado como representação, talvez depois de todos esses anos ele se tornou parte de mim. Eu não tinha certeza.

O que é representar? O que é autêntico?

A primeira noite passou e minha mão não se levantou. No dia seguinte, no café da manhã e no almoço, permaneci calada, ouvindo, profundamente emocionada pela honestidade das palavras de cada pessoa, mas ainda assim evitando meus 10 minutos. Eu não queria representar. Alguma parte profunda, visceral, resistia. Quando chegasse a minha vez, eu gostaria de poder dizer: "Eu passo."

Fui quase a última pessoa a falar. Não me lembro exatamente de tudo o que disse, mas comecei descrevendo o que estava sentindo no meu corpo – que eu fora à reunião exausta, e que, ao abandonar minha habitual agitação, podia sentir um abatimento profundo por baixo do meu cansaço. Aquele sentimento me dava medo.

Falei com suavidade, não com minha voz habitual, que se projeta com uma energia bastante poderosa. Contei que tinha ido cortar os cabelos, querendo ficar com boa aparência e causar boa impressão. Aquilo me lembrava a vez em que eu fui a uma sauna esperando ter uma experiência estimulante e me vi aterrorizada.

"Estou com muito medo", eu disse em voz alta na sauna, com aquela mesma voz insegura. "Não tenho certeza de que posso fazer isso. Talvez precise ir embora."

As circunstâncias certamente não eram tão aterrorizantes, mas a voz tinha quase o mesmo tom – aberto e vulnerável. Eu não estava escondendo a minha forte *personalidade*.

Sem fingimento. Sem esforço.

Eu sempre tinha pensado que, em algum lugar no meu íntimo, eu não era tão grande assim. E achava que decepcionaria as pessoas se não conseguisse ficar à altura do que imaginava que esperavam de mim. Mas agora adquiria confiança suficiente para expressar o que vinha de algum lugar lá do meu interior – estava cansada, desanimada, sem vontade de me esforçar para convencer ninguém de que eu era diferente do que estava sendo naquele momento.

Minha necessidade de controlar da melhor maneira possível todos os resultados tinha sido substituída pela *permissão*. Eu recorrera a uma força no âmago do meu ser. E, quando terminei de falar, o cansaço que vinha sentindo havia quase um mês tinha desaparecido.

Sem esforço, eu me tornara *maior do quê*.

Nunca tinha pensado na confiança como um *músculo*.

Naquele fim de semana, senti que alongara esse músculo. Adorava me imaginar indo à ginástica, fazendo exercícios e malhando meu músculo da confiança.

Eu vislumbrara a coragem para deixar de lutar.

TRANQÜILIDADE

Um hábito é apenas isso – um hábito.

Quando éramos jovens, muitos de nós desenvolvemos estratégias para sobreviver e "nos adaptarmos". Queríamos sentir que fazíamos parte de alguma coisa e nos empenhávamos ao máximo para sentir isso. Agora temos hábitos, comportamentos e crenças arraigados que não nos servem mais.

Qualidades aprendidas podem ser desaprendidas.

Ou, quando isso não for possível, podemos *construir hábitos melhores.* Assim temos mais escolhas. No segundo dia do retiro tive oportunidade de praticar mais a escolha.

Fiz o que estava com vontade de fazer.

Ignorei os avisos da minha mente que diziam o que eu *deveria* estar fazendo. Em vez de ir à aula de ioga, me aconcheguei debaixo das cobertas durante mais uma hora para ler e ficar quieta – um comportamento inédito para alguém viciado em pular para fora da cama às cinco e meia todas as manhãs.

Mais tarde, fizemos uma longa caminhada subindo um terreno

íngreme. Eu tinha pensado que, para proteger meu tendão-de-aquiles, eu não deveria – não conseguiria – subir colinas íngremes. Meu pé não me incomodou, mas quando um dos líderes do grupo perguntou se alguém queria percorrer o resto do caminho de carro eu imediatamente respondi: "Sim." Não estava cansada. Só não estava mais com vontade de andar. Aquilo era razão suficiente. Isso pode não parecer muito inovador, mas, para mim, significava arriscar um novo comportamento.

A liberdade de dizer "NÃO" era esplendorosa.

A liberdade de dizer "SIM" àquilo que eu realmente queria fazer era imensamente libertadora.

Eu tinha a sensação de estar sem máscara.

Na segunda tarde recebemos um barro denso, de um vermelho profundo, que eu chamo de barro indiano, e nos pediram para fazer o que quiséssemos. Sabendo, por causa dos meus livros, que eu trabalho com cerâmica, uma das mulheres perguntou:

– Você não vai ficar ansiosa com o seu desempenho?

– Não – respondi. – Vou fazer uma bola de neve.

Aquela de fato era minha intenção. No entanto, como depois de fazer a bola de neve ainda me sobrava bastante tempo, moldei à mão uma tigela simples – algo que sou capaz de fazer no piloto automático.

Na última manhã, fomos caminhar em um lugar lindo. Podíamos colher qualquer coisa que nos atraísse – flores, frutas, pedaços de qualquer coisa que estivesse pelo chão.

Fui caminhando e conversando relaxada com uma das mulheres. Não me sentia pressionada a pegar nada. Alguns objetos ou flores me tentavam, mas quando pensava um pouco mais parecia melhor ainda não tê-los. Eu gostava de ver a alegria de muitas mulheres colhendo todo tipo de coisas e fiquei feliz quando alguns dos objetos que me haviam tentado foram escolhidos por outras.

Finalmente, uma minúscula flor amarela, mais provavelmente uma erva daninha, atraiu minha atenção. A flor parecia dizer: "Pegue-me."

Depois nos reunimos em torno de um grande círculo feito de galhos e flores. Cada uma das mulheres pôs o que colhera à sua frente e, uma de cada vez, demos a volta no círculo e dissemos o que nossos objetos significavam para nós.

Quando chegou a minha vez, pus a pequenina flor amarela na tigela colorida que fizera sem pensar muito. Segurei a tigela nas mãos e vi que minha pequena flor encontrara exatamente o lugar certo para aterrissar. Com todas as células do meu corpo, senti a simples beleza das duas.

A minúscula flor amarela na tigela vermelha – a relação entre uma e outra –, aqueles dois objetos eram eu. Vi a vastidão invisível das duas – comum e especial, tranqüila e vulnerável, macia, forte e resistente.

Eu tinha mostrado externamente a pessoa sem máscara que estava dentro de mim.

Eu podia ser vulnerável e segura.

OS PÉS DE AUDREY HEPBURN

Não há nada de original em adorar Audrey Hepburn.

Recentemente fiquei surpresa ao ler que ela tinha pés grandes, calçava 40. Ferragamo, o grande fabricante de sapatos italiano, desenhava seus sapatos. "E ela se sentia bem consigo mesma", ele declarou.

"Por que ela não usava saltos altos?", perguntou alguém. Aparentemente, usar saltos altos teria feito os pés de Audrey parecerem menores. O Sr. Ferragamo respondeu:

"Ela não queria ser mais nada além do seu próprio tamanho."

UMA PRESENÇA

M. C. estava no hospital, parecendo frágil, com a pele muito branca. Antes de ir visitá-la, telefonei para saber se ela gostaria que eu levasse alguma coisa. Sua resposta foi: "Café com leite, café descafeinado, sem ser expresso, e um bolinho bem grande cheio de passas."

Antes dessa estada inesperada no hospital, M. C. planejara pegar um avião e voltar para casa, na Pensilvânia. Agora tinha que tomar uma decisão: encerrara o aluguel do apartamento. Para onde iria quando deixasse o hospital?

– Deve ser difícil planejar sua vida neste momento – eu disse, baseada na minha necessidade de estar sempre fazendo listas e planos.

– Não vou fazer nada – ela respondeu. – Nem sinto que preciso fazer. As mensagens que recebo se referem a sentimentos físicos.

Ela se levantou na cama só um pouco, o bastante para mostrar que participava ativamente da própria vida.

– Sim, sinto-me aberta para os meandros do destino. E quero estar assim.

Parte de M. C. queria ficar na Califórnia, longe do frio inverno do Leste.

– Eu me imagino bem adaptada nas colinas da Califórnia – ela disse com um largo sorriso – como se eu estivesse *dentro* da minha vida, não separada dela.

"Quero sentir que estou dentro da minha vida – não viajando por aí à sua procura."

FLUTUANDO

Na vez seguinte em que a visitei no hospital contei-lhe que repito suas palavras devagar três vezes todas as manhãs, como um maravilhoso lembrete.

"Quero sentir que estou dentro da minha vida – não viajando por aí à sua procura."

– Não preciso estar fazendo muitas coisas na vida para sentir isso – ela disse sorrindo. – Não acho que seja introspecção.

– O que é então? – perguntei.

– Estou flutuando – ela respondeu. – De vez em quando recebo uma mensagem, se estou bem ou não.

Como era maravilhoso estar sentada em um tranqüilo quarto de hospital com uma amiga querida, ainda muito fraca, mas cujo espírito era tudo menos fraco. Segurando sua mão, passando-lhe algumas vezes mais um pedaço de bolo e escutando. Escutando.

– Você pode me falar mais sobre flutuar? – pedi.

– Ah, sim – ela respondeu, ansiosa para falar mais. – Sinto como se estivesse flutuando em uma balsa, não à deriva, mas flutuando suavemente, sustentada no espaço vazio pelos votos e preces dos meus amigos. Não estou nem acordada nem dormindo, estou em um enlevo cósmico. É como um filme de Polaroid – ela continuou. – Aos poucos, começo a ver algumas cores difusas, formas, detalhes, até mesmo a paisagem lá fora. – Ela levantou um pouco o corpo e apontou, olhando para a janela. – É como as nuvens no céu em um dia bonito.

"Flutuar quer dizer algo que nos sustenta através do mistério e de forças desconhecidas."

Sem querer cansá-la, sentindo que era hora de ir embora, inclinei-me para beijá-la, dei-lhe o abraço mais suave possível e sussurrei ao seu ouvido:

– Não quero perturbá-la com mais conversa. Acho que vou sair e praticar o seu tipo de flutuação hoje.

Com voz baixinha, pois estava realmente cansada, ela me lembrou:

– Você tem tantos elementos para apoiá-la, Sue. Talvez você ainda não saiba disso.

– Sim, M. C., *todos* precisamos confiar nesse apoio.

CRIATIVIDADE

– O que você anda fazendo estes dias? – alguns amigos perguntaram a M. C. quando ela voltou para sua cidade natal na Pensilvânia.

– Nada – ela respondeu.

Eles não entenderam e ficaram preocupados com ela.

– Deve ser difícil não estar trabalhando com barro – disse outro amigo.

– Não. É muito fácil – disse M. C. – É fácil viver sem essas expectativas. Minha criatividade está ocupada e feliz – ela continuou – criando uma nova relação com o meu corpo. Na verdade, criando um novo tipo de pessoa: mais lenta, mais consciente de estar caminhando, comendo e falando, sem pressa, satisfeita com o carinho e a ajuda que vem recebendo. É como viver em outra cultura, livre dos antigos hábitos de energia *empurrada.* Estou encontrando novos caminhos; não acelerados, não amplificados, baseados na escuta. Silenciosos. Gosto disso.

Os médicos disseram que ela deveria descansar ("Como se eu tivesse escolha!", ela exclamou), e M. C. estava gostando de conhecer o mistério e as alegrias secretas do DESCANSO: "Sentar em uma cadeira de balanço, ser uma presença na casa, não fazer nada de especial."

"Não preciso justificar minha existência."

Para celebrar essa nova maneira criativa de ser, ela me mandou um poema que escrevera:

PREFIRO FICAR SEM FAZER NADA

Ficar sem fazer nada
Estar no tempo
Ter tempo
É disso que eu mais gosto

AS LIÇÕES DO AMOR PARA ALONGAR

Como fazer o coração alongar?

Senti arrepios ao ler estas palavras. Elas estavam em um bilhete que encontrei na minha caixa de correio no retiro de artistas. Na noite anterior, eu dera uma palestra para o grupo sobre meu trabalho.

"Você já deve ter um coração bem grande para ser capaz de fazer uma pergunta tão maravilhosa", eu disse a Andy.

Como fazer o coração alongar?

Embora esteja casada há 43 anos, não sou uma *especialista* em amor. Sinto-me extremamente abençoada. Não formamos um casamento do tipo "até que a morte nos separe", com todas as resoluções rígidas que isso implica, mas um casamento sempre capaz de crescer a cada novo desafio, embora nem sempre de forma harmoniosa. Posso contar-lhes um pouco da minha experiência com o *amor romântico.*

Casei-me com Richard por muitas razões. Uma das mais evidentes era que eu não queria me transformar em uma mulher como minha mãe – uma personalidade forte que eu admirava e temia.

Até mesmo durante a minha infância, era doloroso ver como ela falava com meu doce e querido pai. Ela era a *má;* ele era o *santo.*

Em algum momento do meu crescimento, devo ter jurado inconscientemente que *nunca, nunca* faria isso com um homem – com ninguém.

Anos mais tarde, consegui ver meus pais com olhos mais realistas e pude sentir como era difícil para minha mãe se relacionar com meu pai. Ele negava seus sentimentos com perfeição, não dava o braço a torcer, evitava o confronto a qualquer custo. Comecei a ver suas brigas como uma dança que chamei de *O show de Mic e Mac.* Eles realmente se amavam.

A solução foi me casar com alguém que eu admirasse.

Eu conhecia muitos homens brilhantes, certamente mais do que eu, mas mesmo assim tinha medo de me tornar crítica como minha mãe. Richard era muito inteligente, sensível, gentil e tinha uma personalidade profundamente poética. Coloquei-o em um pedestal. Com ele, eu nunca viraria uma megera.

Eu também achava que Richard, um ótimo arquiteto, nunca teria sucesso financeiro. Ele era puro demais, não era do tipo que seduzia os clientes – e eu acreditava que era preciso seduzir para ter sucesso. Eu sempre o admiraria, e ainda que ficássemos pobres para sempre teria valido a pena.

Richard estava se formando em arquitetura quando nos encontramos pela primeira vez, e um de seus professores o convidou para trabalhar em seu escritório de Zurique, na Suíça. Nós nos casamos e zarpamos no mesmo dia para morar lá por dois anos.

Antes de irmos, fiz uma provisão para o futuro, enchendo um daqueles velhos baús de metal usados em acampamentos com "vestidos de festa" longos até o chão. O baú ficaria no apartamento dos meus pais até que voltássemos da Europa. Planejei cortar os longos na altura do joelho e usá-los como vestidos normais.

"Nunca serei um fardo para Richard", disse para mim mesma. "Ele nunca precisará comprar roupas para mim."

Antes de irmos para a Europa, eu trabalhava como professora no segundo grau de New Rochelle, e minha única desculpa para um pensamento desse tipo era que isso aconteceu há 43 anos e o mundo era diferente.

Encontramos um quarto em uma grande casa em Zurique, onde dividíamos um banheiro com quatro outras pessoas e uma cozinha em que cada um tinha sua própria placa no fogão. Eu me agarrava à imagem idealizada do homem amado. Ser pobre continuava a ser uma escolha romântica.

Dois anos depois, voltamos para Nova York. Retomei as aulas em New Rochelle e Richard foi lecionar na Cooper Union e em Columbia. Ele também trabalhava para um experiente arquiteto vienense muito talentoso e charmoso.

Quando decidimos nos mudar para a Califórnia, vendemos nosso pequeno apartamento no Greenwich Village com algum lucro. Era todo o dinheiro que tínhamos. Com ele pudemos comprar uma grande casa em estilo espanhol em Berkeley Hills.

Alguns anos mais tarde, Richard tornou-se diretor do Departamento de Arquitetura da Universidade da Califórnia e, mais tarde, reitor da Escola de Design Ambiental.

"Como ele conseguiu ter sucesso?", eu me perguntava. "Eu tinha cometido um erro? Tinha me apaixonado pelo homem errado?"

Por um lado, é claro, eu estava feliz e agradecida por não ser pobre, mas parte de mim estava confusa com toda aquela sorte. Durante anos, essa parte de mim precisava dizer para qualquer pessoa que nos visitasse: "Este não é meu *verdadeiro* eu. Sempre morei em um pequeno apartamento na cidade."

Tive que abandonar o falsamente ideal para me ajustar ao genuíno e real.

Richard era quem eu sempre pensara que fosse e *maior do que isso.*

UM CORAÇÃO CHEIO

Perguntei a Mitzi, que estava casada havia 50 anos, se ela tinha algo a acrescentar às lições de alongamento do amor. Ela fez uma pausa comprida e respondeu:

"O amor é permanentemente testado em um longo casamento."

"A cada perda física, a cada nova dependência em relação ao outro, os parceiros são testados até o limite. Será que podemos continuar nos amando quando nos tornamos tão diferentes fisicamente do que éramos na época em que nos apaixonamos? Podemos sobreviver ao nível de intimidade que existe no casamento?"

"A intimidade expõe nossos defeitos, os hábitos de que não gostamos, as enfurecedoras diferenças de opinião. Precisamos alongar para aceitar as limitações do nosso parceiro, entendê-las no contexto mais amplo de sua história familiar, sua carga genética, suas experiências de vida – ver sua 'humanidade' essencial."

"E então, talvez as pessoas que amamos possam nos perdoar por também não sermos perfeitas."

Mitzi me afirmou que cada vez que seu amor pelo marido é testado, ela vê o amor se expandir. "Descobri que a essência, o núcleo do amor é muito mais profundo do que a atração impetuosa do começo da relação. Quando vemos o amor generoso refletido nos olhos do outro, quando rimos com gosto das mesmas piadas, quando nos damos as mãos ao caminhar, sinto algo muito além da felicidade. Sinto-me abençoada."

Mitzi acredita que quando uma parceria de longo prazo funciona ocorre uma transformação misteriosa, algo que ela não poderia ter previsto em sua juventude. "Nossa casa tornou-se um refúgio mágico", ela continuou, "uma zona de segurança, nosso 'chalé encantado'."

Eu me lembrei do antigo filme *The Enchanted Cottage* (O chalé encantado). O herói é um homem de aparência comum, e a heroína, uma mulher simples.

– Eles se apaixonam, se casam e compram um chalé modesto para morar – falou Mitzi –, e todas as vezes que entram em casa cada um se transforma imediatamente no parceiro romântico ideal, bonito por dentro e por fora. A câmera mostra a aparência deles para o mundo exterior e depois como parecem magníficos, sedutores e especiais aos olhos um do outro. O amor é o milagre que cria seu chalé encantado.

– Acho que você está certa – eu disse a Mitzi. – Na vida real geralmente não vemos um ao outro como nosso espelho nos vê.

Mitzi, que tem 80 anos, passou então a falar sobre si mesma e sobre sua relação hoje.

– Embora reconheçamos os limites de nossas vidas e vejamos o fim se aproximando, aqui, em nossa casa, não somos apenas dois velhos. Temos todas as idades e somos todas as pessoas diferentes que já fomos no correr da vida. Como você diria, Sue, graças a essas lições de alongamento do coração alcancei a *bênção penosa.*

"Meu coração está cheio. Não está pesado."

CACHECOL BRANCO

Era óbvio para todos os que conheciam M. C., e certamente para ela mesma, que a força de sua energia estava se esvaindo. Durante algum tempo ela passou a fazer tricô, e tricotava com grande entusiasmo e prazer, como tudo o que se propunha a fazer.

Ela estava bastante orgulhosa com um belo cachecol de várias cores, parecido com uma de suas pinturas vibrantes. Fez um para uma amiga e anunciou que gostaria de tricotar outro para mim. Fiquei encantada.

– Estou um pouco preocupada com a cor – ela disse sorrindo, conhecendo minha paleta de cores limitadas.

Eu disse o que ela já sabia. Gosto de branco. Gosto de preto. E talvez um pouco de cinza. As parcas mutações de minha gama de cores nos fizeram rir. Finalmente, escolhi:

– Eu adoraria um cachecol branco.

Meu cachecol branco chegou algumas semanas depois, com um bilhete escrito na caligrafia peculiar de M. C.:

Aqui está o cachecol branco que tricotei para você.
Há alguns buracos não intencionais – pura poesia.
Minha professora de tricô diz que são pontos inventados.
Tudo bem.

Buracos para a alma poder entrar e sair.

Uso meu cachecol branco com orgulho em todo tipo de ocasião, mesmo quando racionalmente não preciso de cachecol, mas tenho uma necessidade de sentir o espírito de minha amiga impregnado nos pontos.

A sabedoria de M. C. enrolada em torno do meu pescoço substitui meu hábito de lutar, e o cachecol, com seus buracos para a alma entrar e sair, tornou-se mais um novo talismã.

INESPERADO

Deixe espaço para o inesperado.

Depois da publicação de meu livro *Plain and Simple,* fiz o que fazem muitos escritores – passei a dar palestras em livrarias da cidade. Antes da minha primeira palestra, eu estava tão nervosa e emocionada, que me perguntava se conseguiria dizer uma palavra. Ao me ver assim, meu filho David, sentado com Richard na última fileira, disse a seu pai: "Se ela começar a chorar, eu vou embora."

A palestra correu bem e Richard me cumprimentou com um sorriso divertido: "Você é uma missionária."

A intenção dele era me elogiar, mas suas palavras me deixaram pouco à vontade. Então o telefone começou a tocar, e os convites para novas palestras se multiplicaram. Os grupos que me convidavam foram ficando cada vez mais variados: por idade, gênero, geográficos, econômicos, religiosos e políticos.

Falei para grupos de mulheres, falei em faculdades e hospitais, em um retiro de artistas, para os mais variados grupos religiosos. Falei para os benfeitores de um grande centro médico e em uma conferência de mulheres em Vermont chamada:

MULHERES COM ASAS

Nunca tinha imaginado que seria capaz de ficar de pé diante de um grande auditório e falar a partir do coração. E senti muita emoção pelo fato de uma caminhada nascida das minhas próprias lutas poder ser útil para os outros.

Depois de alguns anos proferindo essas palestras, compreendi que Richard tinha razão. Eu estava espalhando *sementes de espírito* e tinha realmente uma preocupação missionária de compartilhar com outros o que aprendera e de fazer as perguntas que minha jornada despertara:

O que realmente importa?
Será que existe outra maneira de levar uma vida boa?

Não relato esta história para me elogiar, mas por uma razão muito mais importante. Se eu não tivesse sido lançada nessa atividade inesperada, ainda estaria acreditando que minha mensagem se destinava a um pequeno grupo de pessoas como eu.

As experiências vividas ao encontrar tantas pessoas diferentes alongaram meu coração. Vi que debaixo de nossas diferenças reais somos muito mais parecidos do que imaginamos. Compartilhamos a mesma busca – queremos ser o melhor possível e ter um significado especial para os outros.

Depois de um encontro com um grupo episcopal do Arizona, o bispo levantou-se para me agradecer e me deu um pequeno broche que conservo como algo precioso. Nele está escrito:

Somos um só.

VISÃO AMPLA

"Estamos homenageando seis mulheres da comunidade", disse-me o diretor pouco antes da minha palestra em Salt Lake City. "Cada uma delas deu uma contribuição notável. Mas seria maravilhoso se a senhora pudesse dizer a cada uma das novecentas pessoas na platéia:

CADA UM DE NÓS MERECE SER HOMENAGEADO."

CONFIANÇA

– Em que confiamos quando lutamos? – perguntou Rachel certo dia, enquanto tomávamos chá. Eu tinha perguntado sua opinião sobre o sentido da luta. – Desconfio que seja algo relacionado apenas a nós mesmas – ela disse.

– Em que confiamos quando encontramos a tranqüilidade?

– Acho que confiamos em algo além de nós mesmas – ela continuou. – Confiamos nas outras pessoas e no universo mais amplo. Tudo acontece em função dessa mudança na confiança.

A AUTO-ESTRADA DA VIDA

Quando nossa família se mudou para a Califórnia, eu não sabia dirigir. Tendo morado em Nova York durante toda a minha vida, não precisara realmente aprender. Durante três anos continuei a viver como se ainda estivesse em Nova York.

No quarto ano, aprendi a dirigir, mas só dirigia perto de casa. Quando ia a São Francisco, pegava um ônibus. Anos depois, um dos meus filhos entrou para a faculdade em São Diego, a oitocentos quilômetros de distância, e, embora ele não tenha dito nada, senti que estava tendo uma adaptação difícil. É claro que eu poderia ter pego um avião, mas a verdade é que eu queria ver se conseguiria dirigir até São Diego sozinha.

Não havia lugar para fracassos nessa minha escolha.

Considerei todas as possibilidades.

Disse a mim mesma que, se dirigisse durante uma hora e verificasse que aquilo era o máximo que eu conseguia, tudo bem.

E se fosse capaz de dirigir por duas ou três horas e depois precisasse dar meia-volta, tudo bem também. E se dirigisse por algumas horas e precisasse parar, poderia passar a noite em um hotel barato. E se fosse preciso passar três noites, também estaria tudo bem. Se na saída de Los Angeles eu me sentisse soterrada pelo emaranhado de auto-estradas à minha frente, poderia fazer meia-volta e retornar.

Dei a mim mesma permissão para fazer o que pudesse – o que quer que fosse – e aceitar tanto o processo quanto o resultado como sucesso.

Sem julgamentos. Sem culpa.

Fui dirigindo o tempo todo mantendo uma conversa reconfortante comigo mesma, profundamente satisfeita por me dispor a enfrentar o desafio.

Tendo começado às seis horas da manhã, com muitas paradas ao longo do caminho, cheguei à saída de Los Angeles por volta das duas da tarde – fora do horário do rush. Enfrentei o emaranhado das auto-estradas de Los Angeles, um dos lugares mais desafiadores do mundo para um motorista, e continuei em frente.

Eu me permitira tanto, dera a mim mesma tanto espaço para aceitar e apreciar o que quer que acontecesse, que, nove horas depois, bati na porta da casa do meu filho, e ele me olhou assombrado.

A aceitação total de qualquer resultado era para mim uma maneira nova de enfrentar um desafio.

O que nos faz ser sábios em determinadas situações e tão pouco sensatos no minuto seguinte?

Não me considero uma motorista especialmente boa, mas de vez em quando adoro enfrentar sozinha a estrada mais desafiadora de Los Angeles. Isso virou um ritual. Uma celebração e uma constatação:

O que eu tinha aprendido ao viajar era muito mais do que simplesmente chegar ao destino.

TRABALHO DA ALMA

– O que vamos dar à luz este ano? – pergunta uma amiga.

– Eu vou dar à luz a minha morte – M. C responde. – Não me sinto intimidada. Pelo contrário, sinto entusiasmo, algo novo. – Depois continua: – Fico surpresa por demonstrar o mesmo interesse de sempre; a morte é apenas a próxima etapa. Algo está acontecendo no processo criativo, se deixarmos o fogo arder e não tentarmos entender por que tudo acontece.

Por fim acrescenta:

– Posso não viver por muito mais tempo – afirmando isso como um fato, não como um julgamento. – Não tenho estratégia, com exceção de uma esperança, como diz Yeats, de "extinguir-me à meia-noite sem dor".

"Partir para o além com uma mochila nas costas."

AULA DE ANATOMIA

Em dezembro, o cachorro de uma amiga, louco de excitação ao me ver, pulou em cima de mim com tanta força que me fez rolar a escada de madeira que levava à casa deles. Desde então alguma coisa em meu ombro ficou fora do lugar.

Tendinite do infra-espinhoso, disse o médico, e me mandou para uma fisioterapeuta.

Depois de me ver mexer o ombro em diversas posições, Arlene, a fisioterapeuta, anunciou:

"Sua asa não está funcionando direito."

Quando repeti isso para Tamera, uma amiga terapeuta do

movimento, ela disse: "Sua imagem da asa e da *alma* que cria asas precisa se tornar mais concreta. Eu penso nas minhas asas como a escápula, aqueles dois ossos triangulares que formam a saboneteira. Essas asas de anjo literalmente se encaixam na espinha, abrindo o peito." Estendi os braços suavemente, abrindo o peito e respirando fundo.

Eu passara a vida toda batendo freneticamente as asas.

Agora pensava em mim mesma como uma águia, deslizando alto no céu o bastante para ver as coisas com distanciamento – *e* os detalhes importantes.

Meu antigo padrão de bater as asas constantemente, lutando para permanecer em movimento, tinha me exaurido, me deslocado do meu eixo e feito me sentir *menor do quê*.

Na consulta seguinte, a fisioterapeuta disse: "Sua asa ainda não está estável. Você precisa de estabilidade para poder ter mobilidade."

Agora procuro tomar consciência do meu corpo e fico encantada quando me sinto centrada – quando sinto o chão sob meus pés. É como se pesasse menos do que o meu peso real. E percebo que, nesses momentos, meus passos são mais leves.

REAPRENDENDO

Há muitos anos me ofereci como voluntária para ajudar um menino de 12 anos que fora atropelado por um carro a recuperar sua capacidade de movimento. O processo chamava-se *repadronização* e era um ritual quase constante, em que quatro amigos trabalhavam com ele, cada um cuidando de um braço ou de uma perna, fazendo movimentos suaves, esperando que ele acabasse por se lembrar de como usar aquela parte de si mesmo.

Um dia, durante a aula de Nancy, pensei naquele menino enquanto ela dizia que o crescimento não deveria vir da dor, da luta ou de outras motivações negativas. "Encontrem um apoio que não esteja baseado no medo. Poderíamos aprender a crescer através da felicidade."

"Estou sendo *repadronizada*", pensei com um sorriso, e meu coração se abriu inteiro.

– Vocês são fortes o bastante para suportar a felicidade? – Nancy perguntou.

– *Sim!*

AS ASAS DE DONNA

Donna, que me falara do espaço cheio de flores entre duas paredes de concreto, escreveu dizendo que faria uma visita a São Francisco. Quando nos encontramos para um café, ela demonstrou curiosidade sobre o meu trabalho. Sempre tive dificuldade para descrever o que estou escrevendo, mas mencionei o fato de alongar e "Sou *maior do que isso*". "Tenho uma história que pode servir", ela disse.

"Quando eu tinha 17 anos, logo antes do meu último ano no científico, aconteceu uma coisa horrível. Eu estava sentada na beira da cama, de frente para o espelho, enrolando os cabelos naqueles medonhos bóbis cor-de-rosa. Minha irmã estava na cama ao meu lado. De repente, senti uma pontada profunda e forte no peito. Tentei inspirar e fui tomada por uma dor insuportável e por um terrível sentimento de sufocação."

O medo se apoderou de cada pedaço do seu corpo.

Ela lutou para respirar, mas só conseguia inspirar pequenas quantidades de ar. Sua irmã correu em busca de ajuda.

Levaram Donna imediatamente para o hospital. Um raio-x revelou que toda a parte superior do seu pulmão direito estava inutilizada. Ela precisava de uma cirurgia importante.

"Fiquei com uma cicatriz muito comprida que começava logo abaixo do meu seio direito", ela disse, apontando para onde a cicatriz começava, "e dava a volta pelo lado do meu corpo, acompanhando a linha da omoplata e terminando na parte de cima das costas."

"Era horrendo."

"A cicatriz me lembrava os dias terríveis passados naquele hospital, onde eu fora drogada, apalpada, cortada e perfurada."

Incrivelmente assustada e frágil, Donna encarou a morte e depois teve a sensação de ter sido despertada de um sono profundo. "Comecei a questionar tudo em minha vida. Quem sou, e para que serve a vida?"

Ela aprendera a andar novamente sobre pernas bambas e voltara à escola. Um ano depois estava totalmente recuperada. Sete anos mais tarde seu outro pulmão falhou. Uma cirurgia foi marcada imediatamente.

"Agora eu tinha outra cicatriz", declarou ela, "tão longa e grotesca quanto a primeira, do *outro lado do meu corpo.* Eram cicatrizes horrendas, rasgos enormes. A única coisa boa era que eu não via a parte da cicatriz que ficava nas costas."

Quando se sentiu melhor, ela decidiu mudar a própria vida.

"Reuni todas as minhas forças fragilizadas, comprei um carro muito velho e barato, deixei o Meio-Oeste e fui para a Califórnia.

Eu adorava o sol, o mar e a liberdade. As praias eram puro prazer, mas as roupas de banho eram um problema. Eu sentia muita vergonha e era incapaz de encontrar uma roupa de banho que escondesse minhas cicatrizes e aquelas terríveis lembranças."

Em um dia típico de sol do sul da Califórnia, Donna e sua amiga íntima Linda foram à praia. "Linda me ouvia gemer de desespero. Ainda posso vê-la jogando levemente a cabeça para o lado e mordiscando pensativa a unha do indicador quando olhou para mim e disse: 'Donna, eu não acho que as suas cicatrizes sejam tão feias assim. Elas parecem o lugar onde suas asas de anjo ficavam presas. Só estão aí para lembrar-lhe que você é mesmo um anjo e que um dia teve asas de verdade.'"

"As palavras de Linda foram um presente de puro amor que mudaram minha vida profundamente", lembrou Donna com muito carinho. "A partir desse dia, nunca mais olhei as cicatrizes do mesmo jeito, embora tenha levado muitos anos para descobrir a verdade no comentário dela."

Agora, quando Donna vê suas cicatrizes, ela se lembra de suas asas.

"Sinto seu poder e dirijo a respiração para elas, dando-lhes vida, como se elas realmente ainda estivessem aqui."

Arrepios.

Com muita emoção, ela acrescentou: "Minhas asas se abrem suavemente. Meu foco muda. Meu coração se expande e vejo o mundo e as pessoas através do amor, como fez minha amiga Linda."

"Com esses olhos, posso ver que todos nós temos um par de lindas asas de anjo."

Era fácil imaginar a alma de Donna criando asas.

"Posso sentir minhas próprias asas começando a crescer", eu disse a Donna, profundamente emocionada.

REVELAÇÃO

As surpresas estão diante de nós – nosso desafio é criar espaço para elas.

Embora eu estivesse intensamente envolvida com a escrita, *nunca* pensava em mim mesma como escritora. "Ah, escrever deve ser tão fácil para você", diziam as pessoas depois de ouvir minha palestra. Tenho certeza de que a intenção delas era me elogiar, mas sempre me senti compelida a contar-lhes uma longa história, garantindo-lhes que escrever ainda era a tarefa mais difícil e antinatural que eu jamais imaginara poder realizar, um verdadeiro teste. Depois, eu dizia a mim mesma: "Deve haver um jeito melhor de fazer isso."

Quando escritores me perguntavam sobre meu processo de escrita, eu afirmava: "Não sou escritora, o que eu faço é 'alguma outra coisa'." Eu hesitava ao tentar explicar o que poderia ser essa "outra coisa" e tenho certeza de que muitos deles duvidavam da sinceridade dos meus protestos. Mas eu estava sendo sincera. Totalmente.

Durante os últimos dois anos progredi um pouco. Quando alguém dizia algo positivo sobre os meus textos, eu fazia uma pausa – aquela famosa lição que estou aprendendo –, respirava fundo e dizia: "Obrigada." Ponto. Sem contar qualquer história. Eu sorria, pensando:

"Este é o treinamento do meu *espírito.*"

Eu achava que odiava escrever.

Por que então eu escrevia?

A maneira como eu escrevia não correspondia em nada à imagem que eu tinha na cabeça de como um escritor escreve.

A maioria dos escritores que conheço guarda seus diários e se delicia com eles. Eu adoro rasgar as páginas dos meus diários e jogá-las fora – guardando alguns pedaços para acrescentar às minhas pilhas de papel cada vez maiores.

Eu não era totalmente ingênua. Sabia que os escritores têm muitos estilos diferentes, mas imaginava que todos escrevessem frases, não importa quantas vezes tivessem que voltar a reescrevê-las.

Não é o que eu faço.

Como já disse, coleciono milhares de pequenos pedaços de papel, recortes cheios de palavras, idéias, citações, reflexões – qualquer coisa que me chame a atenção e me toque o coração. Acredito que deva haver uma razão para precisar deles e para querê-los – mesmo que, na hora, eu não saiba que razão é essa.

Soterrada por tantos papéis e aturdida pelas escolhas, resisto em dar o passo seguinte: escolher alguns dos fragmentos e pregá-los com fita adesiva removível em uma folha de papel de vinte por vinte e cinco centímetros. O *removível* da fita é essencial.

No fundo, ainda quero escolher todos eles.

Mitzi diz que morre de dor de cabeça só de imaginar como será lidar com essa quantidade de pedacinhos de papel. As pilhas não param de crescer, e fico movendo-as de um lado para o outro, reordenando, repensando. Algumas vezes fico tão desanimada, que desabo.

Depois volto à tarefa. Quase tenho que me forçar a pegar alguns dos pedaços e transformá-los em uma frase provisória. Depois de um bom tempo forma-se um esboço de parágrafo. Sinto-me aliviada quando começo a reescrever e reescrever muitas vezes.

Finalmente, vejo diante de mim uma frase simples. Fico impressionada que ela tenha surgido desse processo de trabalho intensivo, descontrolado. Quase todas as frases contêm mágica, dúvida e uma grande quantidade de esforço.

Nunca paro tempo suficiente para dizer: "Será que isso vale a pena? Será que é importante e merece ser escrito?" Certa vez, pensando em uma solução para essa pergunta, perguntando-me como continuar, desejando manter o medo e a dúvida à distância, e usando um novo e poderoso computador que trabalha mais rápido do que eu consigo pensar, meus dedos digitaram a palavra solução. Fiquei olhando para ela e, sem que eu pensasse, acrescentei:

Solução para a alma.

FÉ COM "F" MINÚSCULO

Seis meses atrás eu estava no retiro de artistas trabalhando como sempre faço – da maneira que acabo de descrever. Quando chegou a minha vez de falar para o grupo sobre o meu dia-a-dia, decidi, num impulso, convidar todos a irem ao meu quarto para ver *como* eu trabalho.

Quase não havia espaços vazios no chão. Não é de surpreender que eu precise de espaço nos meus armários e ordem e calma no ambiente que me cerca! Cada centímetro do quarto estava coberto de *possibilidades.*

Como eu não precisava mais fingir, me poupar ou poupar quem quer que fosse para *parecer* diferente do que sou, falei ao grupo sobre minhas dúvidas, sobre como em cada dia dos cinco anos necessários para escrever meu primeiro livro eu tivera que conviver com minha mente racional dizendo:

"**PARE COM ISSO!** Você está perdendo seu tempo. Deveria estar fazendo algo útil." Mas uma voz baixa, menos nítida, sussurrava:

"Duvide, se precisar, mas persista."

Esse vaivém entre a dúvida e a confiança me ensinou muito sobre fé, fé com *f* minúsculo. Muitos de nós vivemos nossa própria versão desse vaivém desafiador. É importante lembrar:

O que conta é persistir!

Na manhã seguinte, retomei minha rotina. Sentei-me diante do computador para transcrever alguns textos escritos nos pedaços de papel que tinham estado no chão. De repente, eu disse e, sobretudo, senti:

"Eu *sou* uma escritora."

A clareza simples dessa afirmação me surpreendeu.

Senti arrepios. Eles tinham sido de fato um indicador de direção – a *teoria da intuição dos arrepios* fazia ainda mais sentido agora do que antes.

Eu agora via que a maneira *como* eu escrevo não é certa nem errada – é apenas uma maneira de escrever. Mas é a *minha* maneira. Foi uma revelação – e eu a senti em cada célula do meu corpo.

Já que saber e reconhecer essa verdade tinha sido tão difícil, essa percepção foi ainda mais agradável. "Foi um caminho e tanto", eu disse a mim mesma com um sorriso.

Quando essa jornada começou e eu olhei para Pamela e disse: "Você é uma artista", o rosto dela brilhava. Não foi minha mente que formulou aquela frase. Eu tinha percebido uma verdade com raízes mais profundas, uma verdade *além* do meu saber habitual:

Cada um de nós tem a sua própria maneira de se expressar.

Cada um de nós tem algo especial para dar.

E é importante valorizar nossa própria maneira de expressão – qualquer que ela seja.

Agora, repito como se fosse um mantra:

Não limite sua visão.

Não se prenda a um resultado específico.

Alguma coisa importante pode estar bem na sua frente – mas pode vir de uma forma que você não está esperando.

Certo dia, enquanto eu estava sentada no Café Milano cercada por meus pedaços de papel, totalmente imersa no que estava fazendo, uma senhora idosa aproximou-se de mim. Com um sotaque francês, ela disse:

– Gostei de observá-la, o jeito como corta os pedaços de papel e guarda o que é importante. O que está fazendo? Parece estar se divertindo tanto. – Fez uma pausa, depois acrescentou: – *Você deveria escrever um livro!*

Peguei sua mão, segurei-a e disse:

– É isso que estou fazendo. Estou escrevendo um livro.

ASAS DO CORAÇÃO

A possibilidade de criar asas me delicia.

Algumas vezes, quando penso que nunca serei capaz de me manter fiel a essa nova linguagem de escutar meu corpo, penso na imagem de *nossas almas criando asas.*

– As asas brotam do seu coração – disse Nancy.

Fiquei pasma. Ela estava falando sobre o corpo real.

– Seus braços e pernas são extensões do seu coração – ela explicou. – Para que suas asas sejam saudáveis e fortes, a parte de trás de seu coração precisa se abrir.

Afirmação misteriosa.

– Há uma porta dos fundos – continuou Nancy, e pousou a mão, leve e suave como um sussurro, bem no meio das minhas costas. – Você consegue abrir as persianas? – ela perguntou.

– Persianas?

Primeiro uma porta dos fundos, agora persianas. Cada vez mais misterioso.

– O que você quer dizer com persianas? – perguntei.

– É igual às persianas que você põe na janela – Nancy explicou. – Uma barreira adicional para cobrir a janela, uma camada adicional de proteção para o inverno. Abra-as!

"Deixe a vida entrar."

ASAS E PÉS GRANDES

Quando comecei esta jornada, desejava ardentemente abandonar meu hábito de lutar. Ansiava por tranqüilidade. As palavras de Kyle: *"Eu sou maior do que isso"* e a declaração cheia de emoção de Pamela: "Não sou uma artista" tinham me causado arrepios – um despertador no meu corpo.

E os arrepios levaram à imagem de *nossas almas criando asas.*

Mantive essa imagem perto do meu coração. Será que eu conseguiria alongar – criar asas – para que meu espírito pudesse voar?

Asas parecem sugerir que eu quero voar, coisa que eu *realmente* desejo fazer. Mas nunca desejei ser um espírito sem corpo – que vivesse apenas nas nuvens.

Minha alma também quer ter pés, pés grandes e sólidos.

"Eu quero meus pés plantados com firmeza no chão, me equilibrando", eu disse a M. C. A imagem a fez pensar em um caroço de abacate brotando. Quando o caroço se abre, um broto surge e se divide. O broto sobe em direção ao céu enquanto a raiz se afunda no chão.

Ela tem razão. O caroço de abacate reproduz meu impulso de subir e também de ir mais fundo – uma noção certamente mais completa e mais forte da vida que se desdobra do que eu imaginara antes de sentir arrepios pela *primeira vez.*

O que eu quero é uma alma com asas *e* pés grandes.

Minhas asas podem não estar prontas para voar, mas estou *"criando raízes para voar"*.

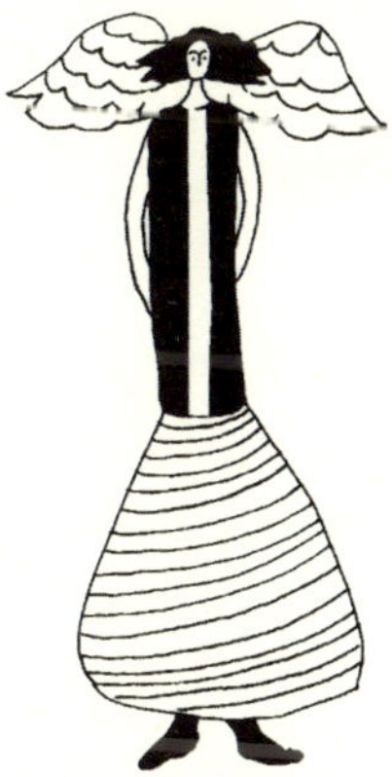

NÓS

Quando escrevo, uso a primeira pessoa, “eu” – mas estou sempre pensando “**nós**”.

Fizemos essa jornada juntos. *Sou bem maior do que isso* fala sobre voltar para casa, para um lugar mais profundo dentro de nós mesmos. Fala sobre abrir nossos corações e criar asas em nossas almas.

E sempre haverá mais coisas a aprender. Sempre haverá mistério.

Ainda guardo com carinho o cartão enviado por uma amiga no Dia dos Namorados, há muitos anos, com as palavras de Rilke escritas em sua bela caligrafia:

Seja paciente
com tudo o que não estiver resolvido em seu coração.

Não há vergonha na felicidade.

ALBERT CAMUS

AGRADECIMENTOS

Desafiada pela tarefa de agradecer a todos os que fizeram meu coração alongar, quero dizer:

EU ESCOLHO TODOS ELES.

Mitzi McClocky, minha amiga mais querida, é uma inspiração.

O copidesque atencioso e inteligente de Laurie Snowden foi uma enorme contribuição.

Nancy Minges, professora, guia e amiga, ensinou-me sobre o espírito mostrando-me como ouvir os sussurros do meu corpo.

A profunda sabedoria de Rachel Naomi Remen foi um raro presente.

Sandy Dijkstra é um agente e amigo notável – feroz, sensato e carinhoso.

Liz Perle, minha editora, é inteligente, cheia de imaginação, com um GRANDE coração e uma enorme capacidade para inspirar.

John Beckmann compartilhou comigo sua profunda sabedoria e seu amor pelos livros. Laurie Fox tem uma criatividade esfuziante como escritora e como amiga. O poder de visão e a graça de Mary Ann Rafferty me enchem de admiração.

Pamela Atkinson e Kyle me fizeram começar esta jornada.

Loie Rosenkrantz, Donna Hepburn, Leah Stein, Mary Bisbee-Beek, John Parman, Kitsi Watterson, Kathy Dohrmann e Sandra Sharpe são poetas da alma. Loren Liebenthal é um talento excepcional, brilhante e divertida. Barbara Gates contribuiu com interpretações preciosas. Erica Deutsch tem uma mente inovadora. E Joanna Rose é simplesmente incrível.

Lee Gruzen é uma escritora de talento e uma amiga extraordinária.

Carol Ferraro é uma querida mágica do espírito.

Jill e John Walsh, Ruth e Alan Stein, Joanna e Dan Rose, Joyce e Bob Menschel, Milt e Rosemary Okun, Peter Steiger e Esther Schoellkoff estão sempre no meu coração.

Ofer Erez compartilhou comigo sua poderosa inteligência e clareza. Estrela da Manhã vive a mágica. Yvonne Rand sempre será minha sábia professora. Ram Dass é um guia inigualável. A caligrafia e a profunda dedicação de Kaz Tanahachi iluminam um caminho para mim.

"Se você agradecer a tantas pessoas", disse uma amiga, "outras vão se perguntar se foi você quem escreveu esse livro." Eu escrevi este livro e muitas pessoas maravilhosas ajudaram. Theo Gund, Anne Kalik, Diana Goldstein, Dru Gensler, Dorothy Buckley, M. J. Ryan, John Eberhard, Alev Lyle Croutier, Amy McCurdy, Patti Breitmann, Thaisa Frank, Catherine Lyon, Carol Field, Naomi Epel, Kay Montgomery, Betsy Scheiner, Suzanne Tiberghien foram guias sábios.

Jon e Barbara Beckmann compartilharam seu belo santuário.

Karina Epperlein, Joy McComb, Gene Farb, Pat Millington, Ivy Ross e Lorraine Weiss são poderosos magos. Tamera Greenberg, Gay Lee Gulbrandson, Paige Wheeler, Kathe Rothacher, Janet Welsh, David Parker, Deborah Stone, Diana Kehlmann, Betsy Kagin, Arlene Suda, Judith Langis, Dub Leigh e Audrey Nakamura me ensinaram a sabedoria do corpo.

Kevin Nierman é espantoso. Phil e Joanna Enquist, Nancy Selvin, Gale Antokal, Pat Hoffman, Sylvia Stulz, Sandy Simon, Bob Brady e Jim Rosen são artistas e amigos maravilhosos. Um cumprimento especial para Robin Chiang por ser Robin.

Tive enorme apoio da HarperSanFrancisco. Junto com Liz Perle, OBRIGADA a David Hennessy, Rebecca Fox, Eric Brandt, Terri Leonard, Margery Buchanan e Steve Hanselman.

Kendra Peterson e Harriet Blanton, minhas filhas "honorárias", Chris e Fred Ford, Lon Addison, Judy Beck Durham, Angie Theriot, Natalie Goldberg, Ann Corcos, Annie Childs, Arlene Bernstein, Jackie Wagner, Junko Shisedo Cook, Ellie Coppola, Barbara Bladen, Tomoe Katagiri, Katherine Koelsch Kriken, Harriet e Mort Cohen, Cecille Moochnek, Herb McClosky, Yvette Lehman, Morley Clark, Edith Kasin, Judith Shaw, Marilyn Levine, Martin e Maria Perez, Maritza Duarte, Saeng Sithandon, Dr. Ron Lee, Arthur e Helene Rosenfeld, Claire Held e Martha Halperin são amigos e parentes estimados.

A Fundação Djerassi me deu a dádiva do tempo. Bênçãos.

E para M. C. Richards, que morreu antes deste livro ser publicado, ofereço meu amor eterno.

Gordon e Suzanne Chun são os notáveis designers de meus três livros. Sua arte foi uma contribuição imensa.

Meu amor e admiração por meus filhos, Michael e David, continua a crescer. Vocês dois, tão diferentes, têm as mesmas características profundas – pessoas atenciosas, compassivas e fortes.

Nos agradecimentos de *O sagrado cotidiano*, chamei Richard de santo. Será que existe uma categoria maior do que essa? Sua sensibilidade de artista/poeta e seu amor e incentivo iluminam essas páginas. Nosso "espírito de equipe" ilumina minha vida.

CONHEÇA OUTROS TÍTULOS DA EDITORA SEXTANTE

Philip Gulley

Criando raízes

Criando raízes é um livro mágico. Suas histórias vão transportar você para a vida de uma cidade pequena, onde a fartura de tempo, tranqüilidade e segurança faz com que as pessoas e os acontecimentos comuns do dia-a-dia, para os quais geralmente damos pouca importância, ganhem significado, gosto e relevância.

É por essa capacidade de transformar o comum em extraordinário que Philip Gulley, um pastor quacre do interior dos Estados Unidos, se tornou tão admirado e querido por leitores do mundo inteiro. Suas histórias são fonte de inspiração para uma vida tranqüila, intensa, feliz e divertida.

Hal Urban

As grandes lições da vida

O que é essencial? Hal Urban responde a esta pergunta reunindo as vinte lições de vida que precisamos aprender para alcançar o sucesso e a felicidade. Sem propor fórmulas mágicas ou métodos fantásticos, esse livro nos fala de valores eternos como respeito, bondade, honestidade, compromisso e trabalho duro, e nos ensina a dar valor ao que realmente é importante em nossa vida.

Iyanla Vanzant

Sei que vou sair dessa

De tempos em tempos, passamos por momentos de crise que nos desestruturam tanto que achamos que não conseguiremos suportar a dor. Iyanla Vanzant chamou essas crises de vales, momentos profundamente difíceis da vida. Nesse livro, ela ensina como identificar um vale, como sair dele e que lições podem ser tiradas de cada experiência negativa.

Com base em depoimentos de mulheres que passaram por traições, decepções e perdas, a autora mostra que todo o sofrimento é recompensado por uma verdadeira transformação na nossa maneira de ver o mundo.

O amor companheiro

"*O amor companheiro* é o acolhimento da nossa maior autenticidade, o descanso dos papéis sociais representados, a tolerância sem superioridade com nossas mesquinharias e nossos momentos de alma pequena, quando nada vale a pena. É o único lugar onde se pode falar abobrinhas alternadas com as mais sérias confidências, aquilo que se fala para quem se confia, em quem se tem fé, em quem se acredita."

Francisco Daudt da Veiga

Jack Canfield e Mark V. Hansen

Histórias para aquecer o coração – Edição de ouro

Essa edição é um marco da série *Histórias para aquecer o coração.* Ela reúne os textos inspiradores que deram origem à coleção, sucesso absoluto entre leitores de todas as idades, com mais de 70 milhões de exemplares vendidos em todo o mundo.

Jack Canfield e Mark Victor Hansen foram buscar, entre milhares de relatos reais de pessoas como você, histórias comoventes que nos levam a refletir sobre a importância do amor, da amizade e do otimismo em nossas vidas.

Emett C. Murphy

A nova lei de Murphy

A nova lei de Murphy é uma estimulante visão da vida e da capacidade que nós temos de assumir o controle de nosso destino e de perseguir nossos sonhos.

Contando interessantes histórias de pessoas que conseguiram superar os desafios e obstáculos em busca de seus objetivos, o autor nos mostra os princípios que devemos cultivar para atingir nossos sonhos, como coragem, flexibilidade, humildade, integridade, generosidade e perseverança.

OS 25 CLÁSSICOS DA EDITORA SEXTANTE

– *Muitas vidas, muitos mestres*, *Só o amor é real* e *Meditando com Brian Weiss*, de Brian Weiss

– *Conversando com os espíritos* e *Em busca da espiritualidade*, de James Van Praagh

– *A última grande lição*, de Mitch Albom

– *Enquanto o amor não vem*, de Iyanla Vanzant

– *A oração de São Francisco*, de Leonardo Boff

– *O ócio criativo*, de Domenico De Masi

– *Mantenha o seu cérebro vivo*, de Katz e Rubin

– *Por que os homens fazem sexo e as mulheres fazem amor?*, de Allan e Barbara Pease

– *Uma ética para o novo milênio* e *Palavras de sabedoria*, do Dalai-Lama

– *Histórias para aquecer o coração*, de Mark Victor Hansen e Jack Canfield

– *Os 100 segredos das pessoas felizes* e *Os 100 segredos das pessoas de sucesso*, de David Niven

– *Aprendendo a gostar de si mesmo*, de Louise Hay

– *Um dia "daqueles"*, *Querida mamãe* e *O sentido da vida*, de Bradley Trevor Greive

– *Você é insubstituível* e *Dez leis para ser feliz*, de Augusto Cury

– *A vida é bela*, de Dominique Glocheux

– *Faça o que tem de ser feito*, de Bob Nelson

– *Não leve a vida tão a sério*, de Hugh Prather

Informações sobre os Próximos Lançamentos

Para receber informações sobre os lançamentos da EDITORA SEXTANTE, basta enviar um e-mail para atendimento@esextante.com.br ou cadastrar-se diretamente no site www.sextante.com.br

Para saber mais sobre nossos títulos e autores, e enviar seus comentários sobre este livro, visite o nosso site: www.sextante.com.br

Editora Sextante
Rua Voluntários da Pátria, 45 / 1.404 – Botafogo
Rio de Janeiro – RJ – 22270-000 – Brasil
Telefone: (21) 2286-9944 – Fax: (21) 2286-9244
E-mail: atendimento@esextante.com.br